Marc Speicher

Verrechnungspreisbildung in Unternehmen

Wie wirken sich die OECD-Verrechnungspreismethoden auf Steuersätze aus?

Bibliografische Information der Deutschen Nationalbibliothek:

Die Deutsche Nationalbibliothek verzeichnet diese Publikation in der Deutschen Nationalbibliografie; detaillierte bibliografische Daten sind im Internet über http://dnb.d-nb.de abrufbar.

Impressum:

Copyright © EconoBooks 2021

Ein Imprint der GRIN Publishing GmbH, München

Druck und Bindung: Books on Demand GmbH, Norderstedt, Germany

Covergestaltung: GRIN Publishing GmbH

Inhaltsverzeichnis

Abkürzungsverzeichnis IV

Symbolverzeichnis VI

Abbildungsverzeichnis VIII

Tabellenverzeichnis IX

1 Einleitung 1

2 Charakterisierung von Verrechnungspreisen 3

    2.1 Verrechnungspreise aus betriebswirtschaftlicher Sicht 4

    2.2 Verrechnungspreise aus steuerlicher Sicht 6

    2.3 Zielkonflikte zwischen Verrechnungspreisen aus betriebswirtschaftlicher- und steuerlicher Sicht 11

3 Verrechnungspreismethoden nach den OECD-Verrechnungspreisleitlinien 14

    3.1 Der Fremdvergleichsgrundsatz als Basis für die Festlegung angemessener Verrechnungspreise 14

    3.2 Geschäftsvorfallbezogene Standardmethoden 17

    3.3 Geschäftsvorfallbezogene Gewinnmethoden 28

    3.4 Methodenhierarchie in Deutschland 35

4 Ökonomische Analyse ausgewählter Aspekte im Rahmen der Verrechnungspreisbildung 39

    4.1 Advance Pricing Agreements zur Erlangung von Rechtssicherheit? 39

    4.2 Risikoberücksichtigung im Rahmen der Verrechnungspreisbestimmung 42

    4.3 Lineare Regressionsanalyse zur Bestimmung der Zinsen für eine interne Unternehmensfinanzierung mittels der Preisvergleichsmethode 45

5 Zusammenfassung und Ausblick 50

Anhang 52

Literaturverzeichnis 55

Abkürzungsverzeichnis

Abs.	Absatz
AG	Aktiengesellschaft
AO	Abgabenordnung
APA	Advance Pricing Agreement
Art.	Artikel
AStG	Außensteuergesetz
ber.	berichtigt
BFH	Bundesfinanzhof
BGB	Bürgerliches Gesetzbuch
BGBl.	Bundesgesetzblatt
BIP	Bruttoinlandsprodukt
bspw.	beispielsweise
BStBl.	Bundessteuerblatt
bzw.	beziehungsweise
bzgl.	bezüglich
CP	cost plus
CUP	comparable uncontrolled price
DBA UA	Doppelbesteuerungsabkommen Ungarn
DE	Deutschland
Diss.	Dissertation
EBIT	Earnings Before Interest and Taxes
Et al.	et alteri, et alii
f.	folgende
Fn.	Fußnote
FNA	Fundstellennachweis A
GAufzV	Gewinnabgrenzungsaufzeichnungs-Verordnung
gem.	gemäß

Hrsg.	Herausgeber
i. d. R.	in der Regel
i. H. v.	in Höhe von
i. V. m.	in Verbindung mit
Jg.	Jahrgang
Kft.	korlátolt felelősségű társaság (= GmbH)
m. E.	meines Erachtens
Mio.	Millionen
Nr.	Nummer
OECD	Organisation for Economic Co-operation and Development
RGBl.	Reichsgesetzblatt
Rn.	Randnummer
RP	resale price
S.	Seite
sog.	sogenannt, -e, -er, -es
TEURO	Tausend Euro
TNM	transactional net margin
TPS	transactional profit split
U	Ungarn
u. a.	unter anderem
vgl.	vergleiche
VWG-V	Verwaltungsgrundsätze-Verfahren

Symbolverzeichnis

a	Regressionskonstante, die den Einfluss des risikolosen Zinssatzes auf den Zinssatz repräsentiert
b_1	Regressionskoeffizient, der den Einfluss der Vertragslaufzeit auf den Zinssatz repräsentiert
b_2	Regressionskoeffizient, der den Einfluss der Höhe des Wertes der Sicherungsgegenstände auf den Zinssatz repräsentiert
b_3	Regressionskoeffizient, der den Einfluss der Umsatzhöhe des Kapitalnehmers auf den Zinssatz repräsentiert
b_4	Regressionskoeffizient, der den länderspezifischen Einfluss auf den Zinssatz repräsentiert
DF	Diskontfaktor
DF_{adj}	Diskontfaktor adjustiert
$EBIT_{SOLL;z}$	EBIT aus SOLL Gewinn und Verlustrechnung in Spalte z
$EBIT_{IST;z}$	EBIT aus IST Gewinn und Verlustrechnung in Spalte z
E(EBIT)	Erwartetes EBIT
E(OM)	Erwartete Nettogewinnmarge
$E(OM_{adj})$	Erwartete Nettogewinnmarge adjustiert
E(U)	Erwarteter Umsatz
i	$i \in \{1, 2, 3, ..., 500\}$
$Mehrsteuern_z$	Zu zahlende Mehrsteuern für z
$Rückerstattungs\text{-}potential_z$	Mögliche Rückerstattung für z
$t_{SOLL;x}$	Steuern aus SOLL Gewinn und Verlustrechnung in Spalte x.

$t_{IST;x}$	Steuern aus IST Gewinn- und Verlustrechnung in Spalte x
t_y	Steuersatz für Land y
u_i	Störterm
x	$x \in \{DE\ AG,\ U\ Kft.,\ Konzern\}$
$x_{1,i}$	Laufzeit in Jahren zum Beobachtungspunkt i
$x_{2,i}$	Höhe des Wertes der Sicherungsgegenstände in TEURO zum Beobachtungspukt i
$x_{3,i}$	Höhe des Umsatzes in Mio. Euro zum Beobachtungspunkt i
$x_{4,i}$	Betrachtetes Land zum Beobachtungspunkt i
X_1	Laufzeit in Jahren
X_2	Höhe des Wertes der Sicherungsgegenstände in TEURO
X_3	Höhe des Umsatzes in Mio. Euro
X_4	$X_4 \in \{0,\ 1\}$, wobei 0 = Frankreich und 1 = Griechenland
y	$y \in \{DE,\ U\}$
Y_i	Beobachteter Zinssatz zu Beobachtungspunkt i
$\hat{Y}_i$	Geschätzer Zinssatz zu den Spezifikationen des Beobachtungspunkts i
z	$z \in \{DE\ AG,\ U\ Kft.\}$

Abbildungsverzeichnis

Abbildung 1: Grundfälle beim internen und externen Preisvergleich 18

Abbildung 2 Grundfälle des inneren und äußeren Margenvergleichs 22

Abbildung 3: Systematik des Kostenaufschlagsvergleichs 27

Abbildung 4: Gegenüberstellung Beitragsanalyse und Restgewinnanalyse 32

Abbildung 5: Stufenverhältnis der Verrechnungspreismethoden zur Bestimmung von Fremdvergleichswerten nach dem AStG 37

Tabellenverzeichnis

Tabelle 1: Kurzfassung verschiedener Einflussfaktoren zur Bewertung von APAs.............40

Tabelle 2: Regressions-Output...47

1 Einleitung

Im Zeitraum von 1985 bis 2018 sank der durchschnittliche globale Körperschaft-steuersatz um mehr als die Hälfte von 49 % auf 24 %.[1] Eine weltweite Reaktion, die ihren Ursprung u. a. in der Globalisierung und dem damit einhergehenden Wettbewerb um Standortattraktivität für Unternehmen findet. Dennoch wurde ermittelt, dass ausländische Firmen in Ländern mit sehr niedrigen Steuersätzen (sog. Steueroasen) deutlich profitabler sind als lokale Unternehmen in Steueroasen, gleichzeitig aber weniger profitabel als lokale Unternehmen in anderen Ländern, die nicht als Steueroase einzuordnen sind.[2] Aus dieser Relation resultierend folgte für das Jahr 2015, dass schätzungsweise 40 % der Gewinne multinationaler Unternehmen in Steueroasen verlagert wurden.[3] Im Rahmen dieser aggressiven Steuervermeidungsmodelle spielen u. a. Verrechnungspreise für die Gestaltung der konzerninternen Lieferungs- und Leistungsbeziehungen und folglich für die internationale Gewinnverlagerung eine wesentliche Rolle. Bereits vor mehr als zehn Jahren betrug der Anteil für den Leistungstransfer zwischen verbundenen Unternehmen knapp 70 % am weltweit grenzüberschreitenden Handel.[4] Bis heute ist aufgrund des technischen Fortschritts und der Zunahme des grenzüber-scheitenden Warenhandels[5] mit keiner Abnahme dieser Quote zu rechnen. Ent-sprechend großes Potential für die Steuervermeidung bieten Lücken in den maß-gebenden Verrechnungspreisleitlinien, die von der Organisation für wirtschaftli-che Zusammenarbeit und Entwicklung (OECD) entworfen wurden. Neben den Verrechnungspreisleitlinien der OECD existieren Gesetzesvorschriften, welche die Behandlung von Verrechnungspreisen regeln. Da jedes Land für seine eigenen Verrechnungspreisvorschriften zuständig ist, bergen Verrechnungspreise nicht nur Gefahren hinsichtlich der Steuervermeidung, sondern können auch Risiken für den Steuerpflichtigen mit sich bringen wie bspw. eine mehrfache steuerliche Belastung desselben Sachverhalts. Bedeutende Ursachen für beide Problembereiche sind auf die von der OECD empfohlenen Ansätze zur Bildung von Verrech-nungspreisen, die sog. Verrechnungspreismethoden, zurückzuführen. Verrech-nungspreise stellen jedoch nicht nur aus steuerlicher Perspektive einen hochgra-

---

[1] Vgl. Tørsløv, T. R./Wier, L. S./Zucman, G. (2018), S. 1.

[2] Vgl. Tørsløv, T. R./Wier, L. S./Zucman, G. (2018), Abstract, ohne S.

[3] Vgl. Tørsløv, T. R./Wier, L. S./Zucman, G. (2018), S. 22.

[4] Vgl. Wehnert, O. (2007), S. 558; Crüger, A./Ritter, L (2004), S. 497.

[5] Vgl. Bundeszentrale für politische Bildung (2018), ohne S.

dig komplexen Themenbereich dar, sondern erfüllen verschieden Funktionen in Unternehmen.[6] Daher sollten sie auch aus einer betriebswirtschaftlichen Betrachtungsweise Aufmerksamkeit finden. Gegenstand dieser Arbeit stellt die ökonomische Analyse der OECD-Verrechnungspreismethoden dar. Damit diese Verrechnungspreismethoden in einem sachgemäßen Kontext analysiert werden können, werden zunächst die unterschiedlichen Typen von Verrechnungspreisen in Kapital 2 charakterisiert und diskutiert. Dabei steht insbesondere die Abgrenzung der betriebswirtschaftlichen Verrechnungspreise (2.1) gegenüber den steuerlich motivierten Verrechnungspreisen (2.2) sowie deren Zielkonflikte (2.3) im Vordergrund. Zudem werden verschiedene Gefahren für den Steuerpflichtigen im Falle unangemessener Verrechnungspreise herausgearbeitet (2.2.1) und deren monetäre Konsequenzen anhand eines Beispiels verdeutlicht (2.2.2). Nach dieser Abgrenzung wird in Kapitel 3 einerseits der für die Verrechnungspreisbildung grundlegende Fremdvergleichsgrundsatz diskutiert (3.1), andererseits die OECD-Verrechnungspreismethoden und deren Funktionsweise aufgezeigt und Gemeinsamkeiten sowie die resultierenden Stärken und Schwächen analysiert (3.2-3.3). Abschnitt 3.4 untersucht daraufhin die Methodenhierarchie der Verrechnungspreise in Deutschland. Dabei wird erörtert, wie die deutschen Verrechnungspreisvorschriften hinsichtlich der Wahl einer geeigneten Methode auszulegen sind und von welchen Faktoren die Wahl abhängt. Kapitel 4 erprobt und begutachtet in drei Abschnitten jeweils eine Möglichkeit mittels derer ein Steuerpflichtiger zu mehr Rechtssicherheit gelangen könnte. Die zum Vorschein kommenden Potentiale und Herausforderungen sind ebenso aus dem Blickwinkel der Finanzverwaltung und des Gesetzgebers verarbeitungsfähig. Zuletzt werden die Ergebnisse in Kapitel 5 zusammengefasst und ein kurzer Ausblick über die zukünftige Entwicklung der Thematik gegeben.

---

[6]   Vgl. Hanken, J./Kleinhietpaß, G. (2014), Eberenz, R./Müller, H./Schröder, M./Palmer, D./Ditz, X./Bärsch, S.-E./Kluge, S. (2018), S. 4.

2 Charakterisierung von Verrechnungspreisen

Die Thematik von Verrechnungspreisen im Rahmen der Betriebswirtschaftslehre findet ihren Ursprung bereits zu Beginn des 20. Jahrhunderts.[7] Nach *Schmalenbach*, der als einer der Pioniere auf diesem Gebiet gilt, ist der Verrechnungspreis ein „eigenartiger Preis", welcher die einzelnen Teile eines Betriebs in einen rechnerischen Verkehr bringt, wobei diese Rechnung insbesondere die Bewertung der gegenseitigen Leistungen bedingt.[8] Im heutigen Zeitalter definieren bspw. *Ewert und Wagenhofer* Verrechnungspreise als „Wertansätze für innerbetrieblich erstellte Leistungen (Produkte, Zwischenprodukte, Dienstleistungen) die von anderen, rechnerisch abgegrenzten Unternehmensbereichen bezogen werden"[9]. In der betriebswirtschaftlichen Literatur herrscht keine einheitliche, von den jeweiligen Umständen unabhängige Definition von Verrechnungspreisen.[10] Begründen lässt sich dies durch die differierende, zweckabhängige Zielverfolgung von Verrechnungspreisen.[11] Die Notwendigkeit zur Gewinnabgrenzung im Konzernverbund zwischen rechtlich selbstständigen, wirtschaftlich jedoch voneinander abhängigen Konzerngesellschaften wird durch die handels- und steuerrechtlichen Anforderungen bedingt und um die betriebswirtschaftlich notwendige Steuerung von Konzerngesellschaften ergänzt.[12] Zunehmende Konzernverflechtungen auf nationaler und internationaler Ebene evozieren eine zunehmende praktische Bedeutung von Verrechnungspreisen in Unternehmen.[13] Grundsätzlich ist im Rahmen der Verrechnungspreisbildung und der entsprechenden Zielverfolgung zwischen zwei Hauptgruppen zu differenzieren. Einerseits sind Verrechnungspreise aus betriebswirtschaftlicher Sicht, andererseits aus steuerlicher Sicht zu betrachten.[14] In dieser Arbeit ist eine genaue Differenzierung, aufgrund der Fokussierung auf die steuerlich motivierten Verrechnungspreismethoden nach der OECD, von höchster Relevanz. In den folgenden Abschnitten dieses Kapitels wird zu erken-

---

[7] Vgl. Clemens, R. (2008), S. 287.

[8] Vgl. Schmalenbach, E. (1909), S. 167.

[9] Ewert, R./Wagenhofer, A. (2014) S. 567.

[10] Vgl. Coenenberg, A./Fischer, T./Günther, T (2012), S. 706; Küpper, H. et al. (2013), S. 516 f.; Weber, J./Schäffer, U. (2016), S. 219 f.; Dawid, R. (2016), S. 2 f.; Schmalenbach, E. (1909), S. 167; Ewert, R./Wagenhofer, A. (2014) S. 567.

[11] Vgl. hierzu Abschnitt 2.3 dieser Arbeit, 9 f.

[12] Vgl. Ditz, X./Bärsch, S.-E./Kluge, S./Eberenz, R./Kreuzer, M./Müller, H. (2015), S. 2592.

[13] Vgl. Horvàth, P./Gleich, R./Seiter, M. (2015), S. 300.

[14] Vgl. Funk, W./Rossmanith, J. (2017), S. 99.

nen sein, dass betriebswirtschaftliche Verrechnungspreise zwar eine Schnittmenge mit den steuerlich motivierten Verrechnungspreisen aufweisen, die verfolgten Ziele und Adressaten sind jedoch keinesfalls identisch. Vielmehr ist über Plausibilitätsüberlegungen erkennbar, dass eine Zielantinomie zwischen den situationsbedingten Verrechnungspreiszielen vorliegt.[15]

2.1 Verrechnungspreise aus betriebswirtschaftlicher Sicht

Die Diskussion um die Bestimmung der „richtigen" Verrechnungspreise aus betriebswirtschaftlicher Sicht hat in der Forschung bereits stattgefunden, als aus steuerlicher Sicht, wegen vergleichsweise niedrigen Steuersätzen und des niedrigen Internationalisierungsgrades, die daraus resultierenden Probleme und Fragen noch relativ unbedeutend waren.[16] Im Unterschied zum steuerrechtlichen Verständnis von Verrechnungspreisen sind der Begriff und die Funktionen aus betriebswirtschaftlicher Perspektive deutlich weiter gefasst.[17] Die sich daraus ergebende interne Verwendung von Verrechnungspreisen im Unternehmen erstreckt sich u. a. auf die Erfolgsermittlung der einzelnen Bereiche, die Koordination und Lenkung des Managements dieser sowie bspw. auf die Preiskalkulation von Gütern und Dienstleistungen.[18] Die gesamtzielorientierte Koordination dezentraler Organisationseinheiten mittels der Verwendung von Verrechnungspreisen basiert auf der von *Schmalenbach* entwickelten Idee, einer einzelnen Unternehmung einen fiktiven Markt zu unterstellen.[19] Durch die Orientierung der Bereiche an ihren Bereichserfolgen sollen diese wie selbstständige Unternehmen ihre Entscheidungen treffen.[20] Letztlich soll mittels dieses Konzepts die Maximierung des Erfolgs der einzelnen Bereiche im maximalen Gesamterfolg des Unternehmens münden.

---

[15] Vgl. Gschwend, W. (1986), S. 3.

[16] Vgl. Djanini, C. (1999), S. 245 f.

[17] Vgl. Rasch, S./Ilgner, D./Koch, T. (2016), S. 347.

[18] Vgl. Ewert, R./Wagenhofer, A. (2014), S. 568.

[19] Vgl. Schmalenbach, E. (1963), S. 150 f. In diesem Zusammenhang spricht man von der pretialen Lenkung nach Schmalenbach. Vgl. hierzu Schmalenbach, E. (1947), S. 28 f.

[20] Vgl. Küpper, H. et al. (2013), S. 516.

Um möglicherweise entstehenden Externalitäten bei der dezentralen Entscheidungsfindung entgegenwirken zu können, bieten Verrechnungspreise im Sinne eines Koordinations- und Lenkungsinstruments die Möglichkeit auf dezentrale Entscheidungen Einfluss zu nehmen.[21] Die Höhe dieser Verrechnungspreise determiniert die Kosten und Erlöse der Bereiche, wodurch sich vor allem knappe Produktionsfaktoren, wie bspw. die personelle Betriebsbereitschaft oder Investitionsmittel im Hinblick auf das Gesamtunternehmensziel, steuern lassen.[22] Ferner hat die Höhe der Verrechnungspreise einen starken Einfluss auf die Höhe des Erfolgs der dezentralen Einheiten, welcher wiederum als Bezugspunkt für Motivations- und Anreizstrukturen im Unternehmen gilt.[23] Somit haben Verrechnungspreise eine nicht zu missachtende Wirkung auf Motivations- und Anreizstrukturen im Unternehmen. Eng verknüpfen lassen sich diese Strukturen mit der Qualität der Produkte bzw. den erbachten Dienstleistungen. Anhand dieser Verknüpfung lässt sich ableiten, dass der Verrechnungspreis, den für langfristigen Unternehmenserfolg notwendigen Erfolgsfaktor der nachhaltigen Kundenzufriedenheit mittelbar tangiert. Aus den vorherigen Ausführungen über die verschiedenen Verrechnungspreisfunktionen ist als enorm relevante Funktion, auf der sowohl die Lenkungs- und Koordinations-, als auch die Anreiz- und Motivationsfunktion aufbauen, die der Erfolgsermittlung zu nennen. Dabei steht hier vor allem die Erfolgsermittlung der einzelnen Bereiche im Vordergrund. Die Bereichserfolge dienen auf Ebene der Unternehmenszentrale als Entscheidungsgrundlage für künftige operative und strategische Maßnahmen sowie eine angemessene Mittelzuweisung.[24]

---

[21] Vgl. Ewert, R./Wagenhofer, A. (2014) S. 570 f. Beispiel für eine Externalität: Marketingabteilung verspricht extrem kurze Lieferfrist, wodurch die Produktionsabteilung vom vooptimierten Programm abweichen muss, vgl. Ewert, R./Wagenhofer, A. (2014) S. 570.

[22] Vgl. Coenenberg, A./Fischer, T./Günther, T (2012), S. 708.

[23] Vgl. Behringer, S. (2018), S. 180.

[24] Vgl. Ossadnik, W. (2009), S. 246.

Aus betriebswirtschaftlicher Betrachtungsweise ist eine Unterteilung der Verrechnungspreise in drei grundlegende Ermittlungsansätze sinnvoll.[25] Unterschieden wird zwischen marktorientierten-, kostenorientierten- und sonstigen Verrechnungspreisen.[26] Dabei ist zu beachten, dass es sich bei den aufgezählten Ermittlungsansätzen nicht um eine enumerative Aufzählung handelt.[27] Da die vorliegende Arbeit die steuerlich motivierten OECD-Verrechnungspreismethoden thematisiert, werden die betriebswirtschaftlichen Ansätze nicht weiter ausgeführt.[28] Diesbezüglich ist anzumerken, dass die betriebswirtschaftlichen Methoden in der Grundkonzeption den steuerlich akzeptierten Methoden ähnlich sind und durchaus über entsprechende Anpassungen sowie einer hinreichenden Dokumentation und Begründung einer Betriebsprüfung standhalten können.[29]

2.2 Verrechnungspreise aus steuerlicher Sicht

Um eine möglichst verursachungsgerechte Aufteilung der Gewinne auf die Konzerngesellschaften in den verschiedenen Ländern zu erzielen, existieren die für Steuerzwecke anzuwendenden Verrechnungspreisvorschriften.[30] Diese dienen insbesondere der Bestimmung der Bedingungen[31] sowie der Preise von Geschäftsvorfällen innerhalb multinationaler Konzerne.[32] Im Vergleich zu betriebswirtschaftlichen Verrechnungspreisen ergeben sich bei Verrechnungspreisen aus steuerlicher Sicht (in steuerlichem Sinne oft auch als Konzernverrechnungspreise bezeichnet) aus der Notwendigkeit die gesetzlichen und administrativen Auflagen einzuhalten, zusätzliche Probleme.[33] In diesem Zusammenhang sind die vom jeweiligen Staat geltend gemachten Besteuerungsrechte davon abhängig, auf wel-

---

[25] Vgl. Coenenberg, A./Fischer, T./Günther, T (2012), S. 719, 735, 746.

[26] „Sonstige Verrechnungspreise" kann weiter ausgeführt werden in bspw. zweistufige Verrechnungspreise oder verhandelte Verrechnungspreise. Vgl. hierzu Ewert, R./Wagenhofer, A. (2014), S. 594, 604.

[27] Bspw. unterscheidet Horvàth zwischen anderen Ansätzen. Vgl. hierzu Horvàth, P./Gleich, R./Seiter, M. (2015), S. 303 f.

[28] Vgl. für weiter Ausführungen Rasch, S./Ilgner, D./Koch, T. (2016), S. 350-355; vgl. Fischer, T. M./Möller, K./Schultze, W. (2015), S. 458-477.

[29] Vgl. Rasch, S./Ilgner, D./Koch, T. (2016), S. 355.

[30] Vgl. OECD (2015), S. 9.

[31] „Bedingungen" meinen in diesem Zusammenhang bspw. die Höhe eines Zinssatzes im Rahmen eines grenzüberschreitenden, konzerninternen Darlehens.

[32] Vgl. OECD (2015), S. 9.

[33] Vgl. OECD (2017), S. 13, Rn. 3.

chem Prinzip das entsprechende Steuersystem beruht.[34] Die OECD differenziert zwischen Steuersystemen, die auf dem Ansässigkeitsprinzip[35], dem Territorialprinzip[36] sowie auf einer Kombination beider Prinzipien beruhen.[37] Neben der Erfolgsermittlungs- und Koordinationsfunktion spielt im Zusammenhang mit Konzernverrechnungspreisen das Thema der Gewinnverlagerung eine wesentliche Rolle.[38] Als wichtigste Positionen grenzüberschreitender Leistungsbeziehungen innerhalb eines Konzerns werden u. a.: die Übertragung von Wirtschaftsgütern, die Gebrauchsüberlassung von materiellen und immateriellen Wirtschaftsgütern, Dienstleistungen sowie der Kapitalverkehr angesehen.[39] Diese nicht enumerative Aufzählung verdeutlicht den breiten Anwendungsbereich von Konzernverrechnungspreisen.

2.2.1 Verrechnungspreiskorrekturen und Doppelbesteuerung

Eine wesentliche Zielsetzung im Zuge der Steuerplanung eines multinationalen Konzerns sollte es sein, die Verrechnungspreise so zu wählen, dass diese von den Finanzbehörden anerkannt werden, um Doppelbesteuerungen und Sanktionen zu vermeiden.[40] Obwohl die Höhe des Verrechnungspreises aus Gesamtkonzernsicht aufgrund der Konsolidierung von internen Transaktionen keinen direkten Einfluss auf das Gesamtergebnis hat, sind Überlegungen über die Verrechnungspreishöhe (inkl. der anzuwendenden Methode) aus Planungs- und Sicherheitsaspekten unerlässlich.[41] Werden die Körperschaftsteuersätze im internationalen Vergleich für das Jahr 2017 herangezogen, so geht hieraus ein maximaler prozentualer Unterschiedsbetrag i. H. v. 26,5 % hervor.[42] Einerseits wird aus dem internationalen Steuergefälle der Anreiz für Unternehmen deutlich, ihre Gewinne in Niedrigsteuerländer zu verlagern. Andererseits lässt sich dadurch die Präzision in

---

[34] Vgl. OECD (2017), S. 14, Rn. 5.

[35] Vgl. zum Ansässigkeitsprinzip Kippenberg, J. (2015), S. 201 f., Rn. 17.

[36] Vgl. zum Territorialprinzip Grashoff, D. (2018), Rn. 510.

[37] Vgl. OECD (2017), S. 14, Rn. 5.

[38] Vgl. Fischer, T. M./Möller, K./Schultze, W. (2015), S. 477.

[39] Vgl. Brähler, G. (2014), S. 399.

[40] Vgl. Rieke, S. (2015), S. 17.

[41] Vgl. Rieke, S. (2015), S. 8.

[42] Vgl. Bundesministerium der Finanzen (2018), S. 14. Der maximale Unterschiedsbetrag bezieht sich auf die Körperschaftsteuersätze 2017 – Standardsätze in Prozent (ohne Zuschläge und Steuern der nachgeordneten Gebietskörperschaften).

Bezug auf Verrechnungspreise im Rahmen von Betriebsprüfungen erklären. Da sich im Sinne von Konzernverrechnungspreisen, die Transaktionen häufig auf internationaler Ebene bewegen, ergibt sich aus unangemessenen Verrechnungspreisen die wesentliche Gefahr der mehrfachen steuerlichen Belastung (oft, aber terminologisch ungenau als „Doppelbesteuerung"[43] bezeichnet).[44] Eine Doppelbesteuerung liegt vor, wenn derselbe Steuergegenstand in unterschiedlichen Staaten mit einer vergleichbaren Steuer belastet wird und die damit einhergehende Gesamtzahllast größer als die Zahllast ist, welche bei der Besteuerung in jedem einzelnen der beteiligten Staaten entstehen würde.[45] Eine solche Konstellation ist für ein Unternehmen als enormes Risiko zu bewerten, was auf die finanzielle Mehrbelastung zurückzuführen ist. Eine mehrfache steuerliche Belastung im Zusammenhang mit Verrechnungspreisen kann u. a. durch eine Verrechnungspreiskorrektur entstehen.[46] Verrechnungspreiskorrekturen erfolgen immer dann, wenn gegen die gesetzlichen Verrechnungspreisvorschriften verstoßen wird.[47] So kommt es bspw. bei nicht fremdvergleichskonformen[48] Verrechnungspreisen zu Verrechnungspreiskorrekturen.[49] Auf nationaler Ebene ist hervorzuheben, dass die deutsche Verrechnungspreiskorrekturvorschrift des § 1 AStG nur auf Sachverhalte anzuwenden ist, in denen die deutschen Einkünfte als zu niedrig ausgewiesen gelten und somit eine Erhöhung dieser stattfindet. Um Doppelbesteuerungen aufgrund einseitiger Gewinnkorrekturen zu vermeiden, liefert Art. 9 Abs. 2 OECD-MA Regelungen zur korrespondierenden Gewinnberichtigung.[50] Die Schutzwirkung des Art. 9 Abs. 2 OECD-MA sollte jedoch kritisch betrachtet werden. Vorschriften zur Gegenberichtigung sind in vielen Doppelbesteuerungsabkommen nicht enthalten.[51] Hinzu kommt, dass der korrespondie-

---

[43] Im Folgenden wird der Begriff der Doppelbesteuerung als synonym für eine mehrfache steuerliche Belastung verwendet. In der Literatur wird unterschieden zwischen einer wirtschaftlichen und einer juristischen Doppelbesteuerung, vgl. Behringer, S. (2018), S. 193.

[44] Vgl. Scheuchzer, M. (1994), S. 40 f.

[45] Vgl. Vogel, K. (1997), S. 276 f.

[46] Vgl. Rieke, S. (2015), S. 109.

[47] Gesetzliche Vorschiften zu Verrechnungspreisen bspw. für Deutschland im Außensteuergesetz zu finden.

[48] Vgl. zum Fremdvergleichsgrundsatz Kapitel 3, Abschnitt 3.1.

[49] Die monetären Konsequenzen, am Beispiel einer Verrechnungspreiskorrektur aufgrund von unangemessenen Verrechnungspreisen, werden im Unterabschnitt 2.2.2 aufgezeigt.

[50] Vgl. Rieke, S. (2015), S. 109.

[51] Vgl. Vögele, A./Raab, J./Borstell, T., in Vögele (2015), Verrechnungspreise, Kapitel B, Rn. 24 f.

rende Vertragsstaat nur verpflichtet ist, die Verrechnungspreise zu korrigieren, sofern er tatsächlich der Auffassung ist, dass der berichtigte Gewinnbetrag dem wirklichen Gewinn entspricht.[52] Um die aus einer Doppelbesteuerung resultierenden volkswirtschaftlichen Konsequenzen, wie bspw. Wettbewerbsverzerrungen und internationale Handelshemmnisse, zu beseitigen, pflegt Deutschland mit rund 100 Staaten Doppelbesteuerungsabkommen.[53] Dennoch kann in diesem Zusammenhang nicht von einem konsistenten, international etablierten Standard gesprochen werden, sodass die Gefahr der Doppelbesteuerung auch weiterhin ein nicht zu missachtendes Risikopotential für multinationale Konzerne mit sich bringt. Um eine Leitlinie für die internationale Verrechnungspreisgestaltung zu geben, wurden die OECD-Verrechnungspreisleitlinien vom Ausschuss für Steuerfragen und vom Rat der OECD im Jahr 1995 erstmals veröffentlicht.[54]

2.2.2 Darstellung monetärer Konsequenzen im Falle unangemessener Verrechnungspreise

Grundsätzlich lassen sich die Risiken, welche sich aus unangemessenen Verrechnungspreisen ergeben, in die vier Risikobereiche: Doppelbesteuerung, Zinsen, Strafzuschläge und Steuerstrafrecht einteilen.[55] Ziel dieses Unterabschnitts ist es die monetären Konsequenzen, insbesondere die der Doppelbesteuerung aufzuzeigen. Das folgende Fallbeispiel ist für eine zweiseitige Betrachtungsweise geeignet. Zum einen sollen die monetären Auswirkungen einer Verrechnungspreiskorrektur anhand von reellen Zahlen für den Steuerpflichtigen analysiert werden. Zum anderen soll das Risiko in Bezug auf die entgangenen Steuereinnahmen für den Fall einer erfolgreich durchgeführten Gewinnverlagerung aufgezeigt werden.

Beispiel 1: Doppelbesteuerung desselben Gewinns in zwei Staaten[56]

Eine deutsche AG (DE AG) fertigt Produkte und vertreibt diese über eine Tochtergesellschaft in Ungarn (U Kft.[57]) an dort ansässige Kunden. Die DE AG veräußert ihre Produkte für 400 € je Stück (Herstellungskosten je Stück = 375 €) an die U Kft. (Vertriebsgesellschaft), welche die Waren für 600 € je Stück an konzernfrem-

---

[52] Vgl. Vögele, A./Raab, J./Borstell, T., in Vögele (2015), Verrechnungspreise, Kapitel B, Rn. 24 f.

[53] Vgl. Bundesministerium der Finanzen (2019), S. 4 f. Vgl. auch Behringer, S. (2018), S. 193 f.

[54] Vgl. OECD (2018), S. 3.

[55] Vgl. Hanken, J./Kleinhietpaß, G. (2014), S. 44.

[56] In Anlehnung an Hanken, J./Kleinhietpaß, G. (2014), S. 45-48.

[57] Sehr ähnlich zur deutschen GmbH, vgl. Janssen, H./Fest, A. (2002), S. 825.

de Kunden veräußert. Die Verwaltungs- und Vertriebskosten liegen bei 50 € je Stück. Die tarifliche Besteuerung des Gewinns von Kapitalgesellschaft beläuft sich bei der DE AG auf 29,83 % und bei der U Kft. auf 10,82 %.[58] Im Folgenden bilden die vereinfachten tatsächlichen handelsrechtlichen Gewinn- und Verlustrechnungen sowie die simplifizierte Konzern- Gewinn- und Verlustrechnung den Verkauf eines Produktes von der DE AG an die U Kft. ab.[59] Im Rahmen einer Betriebsprüfung wird unstrittig festgestellt, dass die U Kft. als funktions- und risikoarme Routinegesellschaft deutlich mehr Gewinn erzielt hat, als vergleichbare unabhängige Unternehmen. Nach Datenbankrecherchen der deutschen Betriebsprüfung wäre eine EBIT-Marge i. H. v. 8 % als eine fremdübliche, steuerlich angemessene Marge anzusehen. Aufgrund der Tatsache, dass die DE AG ihre Dokumentationspflichten, gem. § 90 III AO i. V. m. § 1 IV AStG nicht erfüllt, hat die Betriebsprüfung den Verrechnungspreis je Stück von 400 € um 25 % auf 500 € angepasst.[60] Im Ergebnis hat sich die Verrechnungspreiskorrektur nahezu auf alle variablen Posten der DE AG und der U Kft. ausgewirkt. Das prozentuale EBIT der U Kft. liegt nun ca. bei den geforderten 8 %. Aufgrund der unterschiedlichen tariflichen Steuerbelastung in DE und U hat sich die Steuerlast der DE AG um $((\frac{t_{SOLL;X}}{t_{IST;X}}-1)\times100)$ 399,87 %, im Vergleich zur vorherigen Steuerzahlast, erhöht. Demgegenüber ist die Steuerlast der U Kft. um 66,67 % im Vergleich zur vorherigen Belastung gesunken. Anhand der SOLL Gewinn- und Verlustrechnung hat sich ergeben, dass die Verrechnungspreisanpassung auf Konzernebene negative Auswirkungen auf die Gesamtsteuerzahllast, den Jahresüberschuss sowie auf die Nachsteuerrendite in % hat. Die Steuerbelastung auf Konzernebene ist um 80,25 % im Vergleich zur Gesamtsteuerzahllast vor der Anpassung angestiegen. Außerdem sind neben den Mehrsteuern für die DE AG Zinsen, Strafzuschläge sowie das Steuerstrafrecht zu beachten.[61] Fraglich bleibt an welcher Stelle die Doppelbesteuerung ihre Auswirkungen

---

[58] Vgl. Bundesministerium der Finanzen (2018), S. 16. Bei den angegebenen Steuersätzen handelt es sich um die tarifliche Besteuerung des Gewinns von Kapitalgesellschaften 2017 (nominal) in Prozent (Körperschaftsteuern, Gewerbeertragsteuern und vergleichbare andere Steuern des Zentralstaats und der Gebietskörperschaften).

[59] Vgl. Anlage A1: Tabelle 3: IST Gewinn- und Verlustrechnung vor Verrechnungspreiskorrektur, Anhang S. 43.

[60] Vgl. Anlage A2: Tabelle 4: SOLL Gewinn- und Verlustrechnung nach Verrechnungspreiskorrektur, Anhang S. 43.

[61] Vgl. Anlage A3: Berechnung der steuerlichen Auswirkungen je Stück, S. 44 und Anlage A4: Abbildung 6: Steuerbelastung vor und nach der Betriebsprüfung, S. 44. Aus Vereinfachungsgründen werden die weiteren Risikofaktoren an dieser Stelle nur genannt und nicht weiter

entfaltet. Entsprechend der Berechnungen und der Veranschaulichung steigt die Steuerlast in Deutschland, während diese in Ungarn sinkt. Unter der Annahme, dass die Steuern in Ungarn bereits gezahlt wurden und in Deutschland eine Nachzahlung für denselben Gewinn stattfindet, breitet sich an dieser Stelle das Doppelbesteuerungsrisiko aus. Entscheidend für eine tatsächliche Doppelbesteuerung ist das mit Ungarn geschlossene Doppelbesteuerungsabkommen. Aus diesem geht hervor, dass eine steuerliche Korrektur in Ungarn lediglich dann verpflichtend ist, wenn Ungarn nach der Verrechnungspreiskorrektur, die Deutschland zugerechneten Gewinne als tatsächlichen Gewinn betrachtet.[62] Basierend auf diesem realitätsnahen Fall ist zu schlussfolgern, dass die Gefahr der Doppelbesteuerung ein enorm hohes finanzielles Risiko darstellt. Bei der Festlegung der Verrechnungspreise sollte dieses Risiko Beachtung finden. Zudem sollte eine ausführliche Analyse der jeweiligen Doppelbesteuerungsabkommen in das entsprechende Entscheidungskalkül einfließen.

2.3 Zielkonflikte zwischen Verrechnungspreisen aus betriebswirtschaftlicher- und steuerlicher Sicht

Bereits zu den anfänglichen Zeiten der Verrechnungspreise wurde erkannt, dass die Mehrfachzielsetzung dieser ein wesentliches Problem darstellt.[63] *Schmalenbach (1909)* und *Hirschleifer (1956)* kamen bspw. zur Erkenntnis, bei fehlenden Marktpreisen den unter Koordinationsaspekten optimalen Verrechnungspreis auf der Grundlage der Grenzkosten des liefernden Bereichs festzulegen.[64] Aus steuerlicher Betrachtungsweise ist ein solcher Verrechnungspreis i. d. R. nicht fremdvergleichskonform[65].[66] Infolgedessen liegt ein Zielkonflikt zwischen der Erfüllung der Koordinationsfunktion und der steuerlichen Angemessenheit vor.[67] Basierend auf diesem Zielkonflikt ist zwischen internen Adressaten einerseits und externen

---

ausgeführt. Vgl. für weitere Ausführungen Hanken, J./Kleinhietpaß, G. (2014), S. 49-52. Vgl. außerdem zu Doppelbesteuerungsproblemen im Rahmen der Auswahl von Verrechnungspreismethoden im internationalen Vergelich: Kurzewitz, C. (2009), S. 79-84.

[62] Vgl. DBA UA (2011) Art. 9 Abs. 2.

[63] Vgl. Weber, J./Schäffer, U. (2016), S. 223.

[64] Vgl. Pfaff, D./Hummel, K. (2014), S. 589.

[65] Vgl. Fremdvergleichsgrundsatz Kapitel 3, Abschnitt 3.1, S. 11 f.

[66] Vgl. OECD (2017), S. 119, Rn. 2.45.

[67] Vgl. Pfaff, D./Hummel, K. (2014), S. 589.

Adressaten andererseits zu differenzieren.[68] Da Verrechnungspreise wie beschrieben mehrere Ziele verfolgen, werden die formalen Zielbeziehungen in Zielkomplementarität und Zielkonkurrenz unterschieden.[69] In Bezug auf reale Entscheidungssituationen stellt die Zielkonkurrenz den Regelfall dar.[70] Regelmäßig kommt es zu Situationen in denen Unternehmensvertreter aus dem Controllingbereich eher anderen Zielen als solchen aus dem steuerlichen Beriech den Vorrang gewähren.[71] Daraus lässt sich schlussfolgern, dass sich mit einem einzigen Verrechnungspreissystem nicht alle Ziele gleichermaßen gut erreichen lassen.[72] Eine empirische Untersuchung zu den Beziehungen zwischen den Funktionen der Verrechnungspreisgestaltung bei fehlenden Marktpreisen für die intern transferierte Leistung ergab u. a., dass lediglich die Erfolgsermittlung und die steuerliche Compliance eher in einer komplementären Relation stehen.[73] Die übrigen untersuchten Funktionen von Verrechnungspreisen (Erfolgsermittlung und Koordination, Erfolgsermittlung und Steueroptimierung, Koordination und steuerliche Compliance, Koordination und Steueroptimierung, Steueroptimierung und steuerliche Compliance) stehen jeweils eher in einer konfliktären Zielbeziehung.[74] Bemerkenswert an den Ergebnissen dieser Untersuchung ist die Einsicht, dass innerhalb der einzelnen Perspektiven (betriebswirtschaftliche- und steuerliche) konfliktäre Zielbeziehungen auftreten. Um Zielkonflikte harmonisieren zu können, haben sich in der Entscheidungstheorie die Verfahren Zielunterdrückung, Anspruchsniveaufestlegung, Zielkompromiss sowie interaktive Präferenzbildung etabliert.[75] In Bezug auf die Lösung von Zielkonflikten, die im Zusammenhang mit den Funktionen von Verrechnungspreisen stehen, sind die Zielunterdrückung und die Anspruchsniveaufestlegungen die praktikabelsten Verfahren.[76] Dennoch lassen sich Zielkonflikte nicht gänzlich vermeiden, weshalb steuerlich motivierte

---

[68] Interne Adressaten bspw. Geschäfts-, Sparten-, Profit Center-Leitung. Externe Adressaten bspw. Finanzbehörden, Wettbewerber.

[69] Vgl. Laux, H./Gillenkirch, R. M./Schenk-Mathes, H. Y. (2018), S. 47.

[70] Vgl. Laux, H./Gillenkirch, R. M./Schenk-Mathes, H. Y. (2018), S. 47 f.

[71] Vgl. Wellens, L/Van der Ham, S. (2017), S. 448.

[72] Vgl. Pfaff, D. /Stefani, U. (2006), S. 517. Zu näheren Ausführungen über Ein-Kreis- und Mehr-Kreis-Systeme vgl. Rieke, S. (2015), S. 135-190, Vgl. Bernhardt, L. et al. (2017), S. 448.

[73] Vgl. Pfaff, D./ Hummel, K. (2014), S. 597.

[74] Vgl. Pfaff, D./ Hummel, K. (2014), S. 597.

[75] Vgl. Küpper, H.-U. et al. (2013), S. 143-152.

[76] Vgl. Pfaff, D./ Hummel, K. (2014), S. 599 f.

Verrechnungspreise grundsätzlich nicht ohne gleichzeitige Anpassungen zur Konzernsteuerung geeignet sind.

3 Verrechnungspreismethoden nach den OECD-Verrechnungspreisleitlinien

3.1 Der Fremdvergleichsgrundsatz als Basis für die Festlegung angemessener Verrechnungspreise

Die wichtigste Grundlage für die Beurteilung, ob eine Liefer- oder Leistungsbeziehung zwischen verbundenen Unternehmen als steuerlich angemessen einzuordnen ist, stellt der sog. Fremdvergleichsgrundsatz (im internationalen Sprachgebrauch „arm's length principle"[77]) dar.[78] Dabei ist das arm's length principle sowohl in nationalen, als auch in internationalen Regelungen niedergeschrieben.[79] Nach diesem maßgebenden Grundsatz haben sich verbundene Unternehmen bei der Festlegung von Preisen so zu verhalten, wie voneinander unabhängige Dritte am freien Markt unter gleichen oder vergleichbaren Bedingungen agieren würden.[80] Insbesondere wird mit diesem Konzept die verursachungsgerechte Gewinnabgrenzung zwischen verbundenen Unternehmen verfolgt.[81] Seine Begründung findet der Fremdvergleichsgrundsatz darin, dass bei Geschäften unabhängiger Unternehmen die Bedingungen ihrer kaufmännischen und finanziellen Beziehungen durch die Kräfte des Marktes bestimmt werden, dies jedoch nicht in gleicher Weise auf Transaktionen zwischen verbundenen Unternehmen übertragbar ist.[82] Es wird der Tatsache Rechnung getragen, dass nach dem functionally separate entity approach[83], die Unternehmen eines multinationalen Konzerns als unabhängige Unternehmen behandelt werden.[84] Sollten im Rahmen der Verrechnungspreisbestimmung Marktkräfte und der Fremdvergleichsgrundsatz nicht ausreichend berücksichtigt werden, so können daraus Verzerrungen in Bezug auf die Steuerverbindlichkeiten der verbundenen Unternehmen und die Steuerein-

---

[77] Der Ausdruck „arms's length principle" stammt aus dem Fechtsport. Fechter müssen sich auf Waffenlänge gegenüberstehen um einen fairen Kampf zu gewährleisten, vgl. Klein, M. (1995), S. 227.

[78] Vgl. Renz, M. (2017), S. 71.

[79] Vgl. OECD (2018), S. 38 f. Rn. 1.14.; § 1 Abs. 1 Satz 1 und 3 AStG.

[80] Vgl. OECD (2018), S. 33, Rn. 1.2.

[81] Vgl. Scheuchzer, M. (1994), S. 30.

[82] Vgl. OECD (2018), S. 33, Rn. 1.2; OECD (2017), Art. 9 Abs. 1.

[83] Vgl. zum Wesen des functionally separate entitiy approach: Kußmaul, H./Ruiner, C. (2012), S. 2025.

[84] Vgl. OECD (2018), S. 35 f., Rn. 1.6.

nahmen der Quellenstaaten resultieren.[85] Darüber hinaus können nicht steuerliche Aspekte, wie bspw. staatliche Anforderungen in Bezug auf Zollwertermittlung, Anti-Dumping-Abgaben sowie Devisen- oder Preiskontrollen auf die zwischen verbundenen Unternehmen vereinbarten kaufmännischen und finanziellen Beziehungen verzerrend wirken.[86] Der Fremdvergleichsgrundsatz gilt zwar als weitverbreitete Grundlage für die Bestimmung von Verrechnungspreisen, dennoch handelt es sich um einen unbestimmten Begriff, der in den einzelnen Ländern teilweise unterschiedlich ausgelegt wird.[87] Die OECD statuiert, dass es mehrere Gründe gäbe, weshalb die OECD-Mitgliedstaaten und andere Staaten den Fremdvergleichsgrundsatz angenommen hätten.[88] Einer dieser Gründe ist, dass durch die Trennung der steuerlichen Überlegungen von den wirtschaftlichen Entscheidungen das internationale Handels- und Investitionswachstum gefördert wird.[89] Einerseits stellt der Fremdvergleichsgrundsatz ein sehr verständliches und in der Theorie „einfach" klingendes Konzept dar, um Transaktionen zwischen verbundenen Unternehmen auf eine vergleichsfähige Ebene zu drängen. Dabei ist dieser Ansatz durchaus resistent gegen verschiedene Verrechnungspreisprobleme und bietet hierfür auch Lösungsansätze.[90] Andererseits sollten die zahlreichen ungelösten Probleme[91], die sich insbesondere bei der praktischen Anwendung des Fremdvergleichsgrundsatzes ergeben, nicht lediglich darauf verweisen, dass die Verrechnungspreisbestimmung keine exakte Wissenschaft ist.[92] Vielmehr wäre es angebracht für die in der Praxis nicht vermeidbaren Probleme, wie bspw. Probleme bei der Beschaffung ausreichender Informationen, die Lösungsmöglichkeiten hierfür konkretisierter und genauer auszuarbeiten. Solche Probleme stellen keineswegs Einzelfälle dar, denn es ist genau das Erfolgskonzept eines Unternehmens, ein solches Geschäftsmodell auszuarbeiten, wie es nicht bereits im Überfluss am Markt vorzufinden ist. Vielmehr ist es essentiell ein solches Geschäftsmodell auszuarbeiten, welches eine Wertschöpfung kreiert, die mit keinem bestehenden Unternehmen vergleichbar ist und im besten Fall die Schlüsselaktivitäten

---

[85] Vgl. OECD (2018), S. 34, Rn. 1.3.

[86] Vgl. OECD (2018), S. 34, Rn. 1.4.

[87] Vgl. Timmermanns, S. (2005), S. 718; Kurzewitz, C. (2009), S. 2.

[88] Vgl. OECD (2018), S. 36, Rn. 1.8.

[89] Vgl. OECD (2018), S. 36, Rn. 1.8.

[90] Vgl. OECD (2018), S. 36 f., Rn. 1.9.

[91] Vgl. OECD (2018), S. 37-38, Rn. 1.10-1.13.

[92] Vgl. OECD (2018), S. 38, Rn. 1.13.

unvergleichbar bleiben. Auch dann, wenn vergleichbare Transaktionen vorliegen, stellt sich weiterhin die Frage, ob zwischen den Vergleichsgrößen tatsächlich eine valide Korrelation vorhanden ist. Angenommen, ein Konzern verkauft Smartphones und intern werden nur blaue Smartphones verkauft, extern nur silberne. Zusätzlich ist anzunehmen, dass sich die Smartphones nur hinsichtlich ihrer Farbe unterscheiden. Unklar bleibt, ob diese Geschäftsvorfälle überhaupt vergleichbar sind, obwohl das Produkt bis auf die Farbe über eine identische Ausstattung verfügt. Solche Schwierigkeiten lassen sich auf sehr viele alltägliche Praxisfälle übertragen. Je nach Beziehung zum Vergleichsobjekt wird differenziert zwischen einem betriebsinternen[93] und einem betriebsexternen Fremdvergleich, wobei in Deutschland die Berichtigung von Einkünften i.S.d. § 1 AStG auf den betriebsexternen Fremdvergleich abstellt.[94] Eine Lösung für Fälle in denen keine Fremdvergleichswerte ermittelbar sind, bietet der im deutschen Außensteuergesetz festgeschriebene „hypothetische Fremdvergleich"[95].[96] Dieser Sonderweg trägt nicht zur Rechtssicherheit des Steuerpflichtigen bei, da dieser auf einem hypothetischen Denkmodell und nicht auf Fremdvergleichsdaten basiert.[97] Diesem Ansatz und dessen Anwendung sollte folglich kritisch gegenüber gestanden werden. Zwar bietet das deutsche Denkmodell einen Lösungsansatz für viele Verrechnungspreisprobleme, jedoch ist bei dieser Vorgehensweise die Anerkennung der deutschen Finanzbehörde nicht gewährleistet, da diese ein anderes Denkmodell verfolgen kann.[98] Deutlich schwieriger gestaltet sich die Anerkennung im internationalen Kontext, da dieser Ansatz keine Niederschrift in den Verrechnungspreisleitlinien der OECD findet. Trotz diverser Problembereiche und scharfer Kritik stellt der Fremdvergleichsgrundsatz für viele gängige Geschäftsvorfälle insgesamt auf internationaler Ebene eine äußerst bedeutende Basis für die Bestimmung von Ver-

---

[93] Der betriebsinterne Fremdvergleich dient vor allem der verdeckten Einlage und der verdeckten Gewinnausschüttung, vgl. Brähler, G. (2014), S. 406 f., § 8 Abs. 1 KStG i. V. m. § 4 Abs. 1 Satz 8 EStG und § 8 Abs. 3 Satz 2 KStG.

[94] Vgl. Brähler, G. (2014), S. 406 f.

[95] Die Bezeichnung „hypothetischer Fremdvergleich" steht nicht im Gesetz, ist jedoch in der Literatur üblich, vgl. Clemens, R. (2008), S. 310; Brähler, G. (2014), S. 408; Schwerdt, D. (2016), S. 210. Im Grundprinzip wird ein simulierter Interessensgegensatz zwischen internen Lieferanten und Kunden fingiert, wie er zwischen unabhängigen fremden Dritten entstehen würde, vgl. Behringer, S. (2018), S. 197. In den OECD-Verrechnungspreisleitlinien ist dieser Ansatz nicht zu finden.

[96] Vgl. Looks, C./Köhler, H. (2009), S. 317.

[97] Vgl. Schwerdt, D. (2016), S. 210.

[98] Vgl. Schwerdt, D. (2016), S. 210.

rechnungspreisen und entsprechend für die Absicherung gegen Verrechnungspreiskorrekturen dar.[99]

3.2 Geschäftsvorfallbezogene Standardmethoden

3.2.1 Preisvergleichsmethode

Im Rahmen der Preisvergleichsmethode (comparable uncontrolled price method – CUP-Methode) wird der berechnete Preis für einen konzerninternen Geschäftsvorfall[100] mit dem Preis verglichen, der unter vergleichbaren Umständen in einem vergleichbaren Geschäftsvorfall berechnet wird.[101]

---

[99] Vgl. OECD (2018), S. 38 f., Rn. 1.14 f.

[100] Ein konzerninterner Geschäftsvorfall kann sowohl die Lieferung eines Wirtschaftsgutes als auch die Erbringung einer Dienstleistung sein. Dies gilt im Folgenden immer für den Begriff „konzerninterner Geschäftsvorfall".

[101] Vgl. OECD (2018), S. 108, Rn. 2.14.

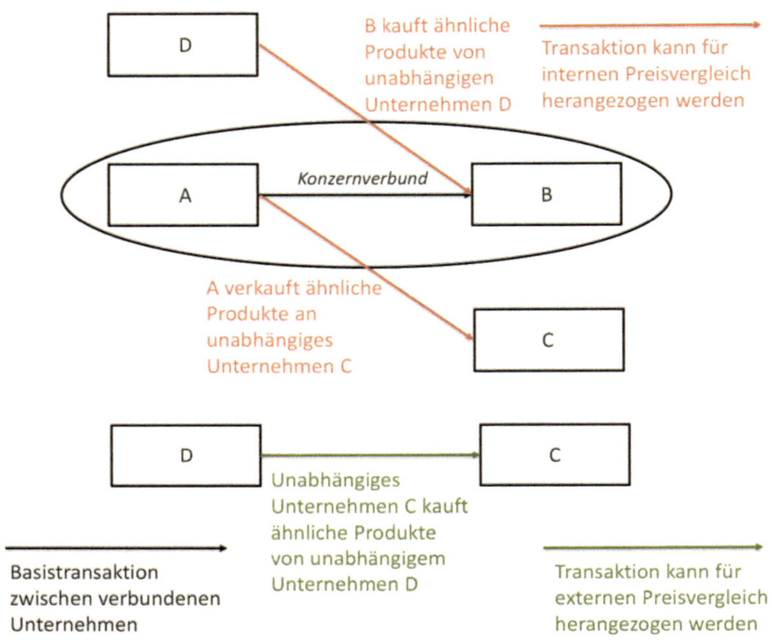

Abbildung 1: Grundfälle beim internen und externen Preisvergleich[102]

Unterschieden wird zwischen einem internen und einem externen[103] Preisvergleich.[104] Ein interner Preisvergleich vergleicht die Preise zwischen verbundenen Unternehmen im Vergleich zu den Preisen zwischen verbundenen Unternehmen und fremden Dritten.[105] Hingegen werden beim externen Preisvergleich markt- oder branchenübliche Preise, die von untereinander unabhängigen Dritten zugrunde gelegt werden, herangezogen und mit den Preisen zwischen verbundenen Unternehmen verglichen.[106] Ein externer Preisvergleich wird mit hoher Wahrscheinlichkeit zu einem noch aussagekräftigeren Ergebnis führen, da es bei einem

---

[102] In Anlehnung an Schwerdt, D. (2016), S. 169.

[103] In der Literatur werden „interner" und „externer" häufig auch als „innerer" (betriebsindividuelle Preise) oder „äußerer" (markt- oder branchenüblich Preise) Preisvergleich bezeichnet. Vgl. hierzu: Baumhoff, H. in: Wassermeyer, F./Baumhoff, H. (2014), Kapitel 5, Rn. 5.5; Kurzewitz, C. (2009), S. 32; Martini, J. T. (2007), S. 23.

[104] Vgl. Vögele, A./Vögele, J.-B., in Vögele (2015), Verrechnungspreise, Kapitel E, Rn. 171 f.

[105] Vgl. Kurzewitz, C. (2009), S. 32.

[106] Vgl. Baumhoff, H., in: Wassermeyer/Baumhoff (2014), Kapitel 5, Rn. 5.11.

internen Preisvergleich naheliegend scheint, die innerhalb des Konzernverbunds verrechneten Preise als Verhandlungsgrundlage für die Festlegung der Preise mit unabhängigen Unternehmen festzulegen. Damit im Kontext der CUP-Methode von einem Fremdvergleichsgeschäftsvorfall ausgegangen werden kann, muss es sich entweder um einen solchen Geschäftsvorfall handeln, welcher den Preis auf dem freien Markt nicht durch die Unterschiede der vergleichbaren Geschäftsvorfälle bzw. den Unterschieden zwischen den diese Geschäftsvorfälle tätigenden Unternehmen beeinflusst, oder es muss möglich sein, erhebliche Auswirkungen dieser Unterschiede über Anpassungsrechnungen hinreichend zu beseitigen.[107] Für die Lieferung von Rohstoffen[108] stellt die CUP-Methode eine angemessene Verrechnungspreismethode bei der Ermittlung des fremdüblichen Preises dar.[109] Die Verwendung dieser Methode wird aufgrund der fremdvergleichsüblichen Preise zwar erwünscht[110], kommt in der Praxis jedoch nur bedingt zur Anwendung.[111] Die CUP-Methode schafft einem Steuerpflichtigen beruhend auf ihrer priorisierten Anwendung eine gewisse Rechtssicherheit, sofern tatsächlich fremdvergleichsübliche Daten vorhanden sind oder bspw. anonymisierte Vergleichsdaten herangezogen werden können.[112] In der Praxis bleibt fragwürdig, wie anonymisierte Vergleichsdaten auszuwerten sind, so dass sie einem Betriebsprüfer plausibel dargelegt werden können. Des Weiteren sollten Rückfragen von Finanzgerichten in Bezug auf die Zusammenstellung und Ableitung der anonymisierten Daten beantwortet werden können, anderenfalls ist dies als Wertverlust der ausgewerteten Vergleichsdaten zu verbuchen.[113] Da es sich bei der Preisbestimmung grundsätzlich um eine sehr volatile Angelegenheit handelt, welche von einer Vielzahl von Faktoren abhängig ist, werden über die physischen Eigenschaften hinaus gefordert, dass bspw. Menge, Lieferkonditionen sowie Zeitraum oder Zeitpunkt, für

---

[107] Vgl. OECD (2018), S. 108, Rn. 2.15.

[108] Der Begriff „Rohstoffe" wurde von der OECD in diesem Zusammenhang als „[...] physische Produkte [...], für die unabhängige Unternehmen in der Branche einen notierten Preis als Bezugswert für die Bestimmung der Preise in Fremdgeschäftsvorfällen heranziehen." definiert, OECD (2018), S. 109, Rn. 2.18.

[109] Vgl. OECD (2018), S. 109, Rn. 2.18.

[110] Vgl. Abschnitt 3.4 Methodenhierarchie, S. 31 f.

[111] Vgl. Wassermeyer (2007), S. 536 f.; Eberenz, R./Müller, H./Schröder, M./Palmer, D./Ditz, X./Bärsch, S.-E./Kluge, S. (2018), S. 6.

[112] Vgl. Baumhoff, H., in: Wassermeyer/Baumhoff (2014), Kapitel 5, Rn. 5.12.

[113] Vgl. Bundesministerium der Finanzen (2005), S. 8 f., Rn. 2.6 i. V. m. BFH-Urteil (2001), Leitsatz Nr. 5.

den ein Preis gültig ist, an die Bedingungen zwischen den verbundenen Unternehmen angepasst werden müssen.[114] Neben dem direkten Preisvergleich (interner oder externer) existiert die Möglichkeit eines indirekten Preisvergleichs, welcher es ermöglicht nicht gleichartige Geschäfte über ausreichende Anpassungsrechnungen auf eine Vergleichsebene zu stellen.[115] Als kritikfähig erweist sich die Beeinflussbarkeit des Umfangs und der Zuverlässigkeit der Preisvergleichsanalyse, welche auf den notwendigen quantitativen Anpassungen basiert.[116] Vor diesem Hintergrund von restriktiven Anforderungen ist die CUP-Methode als jene Methode zu bewerten, welche die Qualitätsansprüche in Bezug auf die steuerliche Compliance am ehesten erfüllt.[117] Als diffizil zu betrachten, ist die praktische Anwendung, da selten ein Vergleich ohne vorherige Anpassungsrechnung möglich sein wird. Auch die Anpassungsrechnung an sich sollte genauestens hinterfragt werden. Viele Sachverhalte, wie bspw. der Einsatz unterschiedlicher technologischer Produkte oder immaterieller Wirtschaftsgüter, welche aufgrund von u. a. unterschiedlichen einfließenden finanziellen Mitteln in den Wertschöpfungsprozess ebenso größere Auswirkungen auf das Risikoprofil eines Unternehmens haben können, lassen sich nicht mit ausreichender Zuverlässigkeit quantifizieren. Um qualitative Anpassungsrechnungen für bessere aber dennoch nicht trivial quantifizierbare Fälle gewährleisten zu können, kommen inzwischen statistische Methoden[118] zum Einsatz.[119] Gerade diese statischen Methoden können es in Zukunft ermöglichen, dass häufiger die CUP-Methode, bspw. auch für Finanztransaktionen und Dienstleistungen, in Betracht gezogen wird.[120]

---

[114] Vgl. OECD (2015), S. 63, Rn. 2.16C.

[115] Vgl. Bundesministerium der Finanzen (1983), Rn. 2.2.2. i. V. m. 2.1.7.

[116] Vgl. Renz, M. (2017), S. 85.

[117] Schwerdt, D. (2016), S. 170.

[118] Für die Anwendung statistischer Methoden im Zusammenhang mit der CUP-Methode kommen u. a. Tests auf die statistische Signifikanz, Konfidenzintervalle, Tests auf Unterschiedlichkeit oder die lineare Regressionsanalyse zum Einsatz. Vgl. hierzu: Vögele, A./Witt, W./Braukmann, T., in: Vögele (2015), Verrechnungspreise, Kapitel G, Rn. 64-93.

[119] Vgl. Vögele, A./Witt, W., in Vögele (2015), Verrechnungspreise, Kapitel G, Rn. 53.

[120] Vgl. Deloitte (2015), ohne S.

3.2.2 Wiederverkaufspreismethode

Gem. § 1 Abs. 3 Satz 1 AStG lässt das deutsche Außensteuergesetz neben der Preisvergleichsmethode auch die von der OECD in den Verrechnungspreisleitlinien vorgeschlagene Wiederverkaufspreismethode bei der Ermittlung eines Fremdvergleichspreises zu. Die Wiederverkaufspreismethode (resale price method – RP-Methode) findet ihren Anwendungsbereich in erster Linie bei solchen Konzernunternehmen, die im Vertriebsbereich tätig sind und im Wertschöpfungsprozess keinen nennenswerten Beitrag für die zu vertreibenden Produkte leisten.[121] Im Kern wird der fremdvergleichsübliche Wiederverkaufspreis retrograd aus dem marktbezogenen Absatzpreis abzüglich einer angemessenen Bruttomarge[122] für den Wiederverkäufer berechnet.[123] Der daraus resultierende Preis entspricht dem konzerninternen Verrechnungspreis.[124] Die Bruttomarge ist so zu wählen, dass der Wiederverkäufer die Kosten für Vertrieb sowie sonstige betriebliche Aufwendungen begleichen kann.[125] Darüber hinaus soll die Bruttomarge unter Berücksichtigung der eingesetzten Vermögenswerte und den übernommenen Risiken der Erzielung eines angemessenen Gewinns dienen.[126]

---

[121] Vgl. OECD (2018), S. 113, Rn. 2.27.

[122] Wird in diesem Zusammenhang auch als Rohgewinnmarge oder Handelsspanne bezeichnet, vgl. Dawid, R./Hülshorst, J./Mank, K. (2018), OECD-Verrechnungspreisgrundsätze für multinationale Unternehmen und Steuerverwaltungen – Erläuterungen, Kapitel II, Teil II, Rn. 93.

[123] Vgl. Jacobs, O./Endres, D./Spengel, C. (2016), S. 569.

[124] Vgl. Brähler, G. (2014), S. 437 f.

[125] Vgl. OECD (2018), S. 113, Rn. 2.27.

[126] Vgl. Hummel, K. (2010), S. 60.

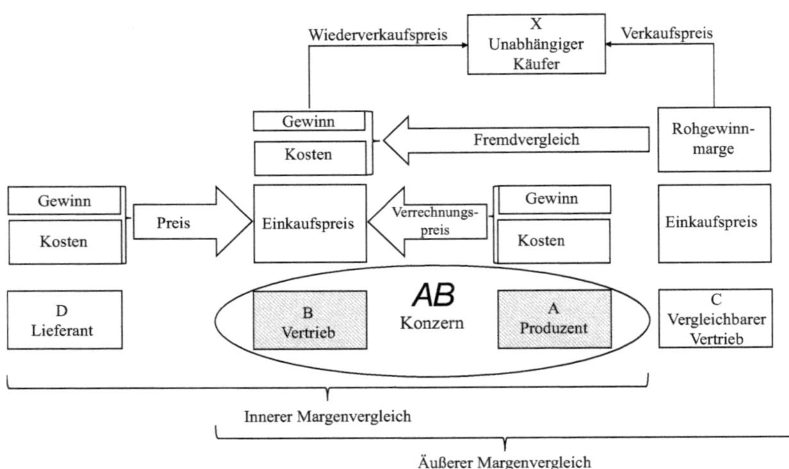

Abbildung 2 Grundfälle des inneren und äußeren Margenvergleichs[127]

Die erzielte Bruttomarge des Wiederverkäufers (in *Abbildung 2* durch B dargestellt) kann je nach Ausgestaltung der Geschäftsbeziehungen aus einem inneren
oder einem äußeren Vergleichswert abgeleitet werden.[128] Dem inneren Margenvergleich dienen Bruttomargen, die B in vergleichbaren Geschäftsvorfällen mit
unverbundenen Käufern (in *Abbildung 2* durch X dargestellt) und unverbundenen
Lieferanten (in *Abbildung 2* durch D dargestellt) am Markt erzielt.[129] Demgegenüber ist bei einem äußeren Margenvergleich weder B noch ein verbundenes Unternehmen (in *Abbildung 2* durch A dargestellt) an der Bestimmung des Absatz-
preises bzw. des Einkaufspreises und entsprechend nicht an der Bestimmung einer angemessenen Marge beteiligt.[130] Im Zentrum des Vergleichs von Bruttomargen steht die detaillierte Vergleichbarkeit der Funktionen, Risiken und der Ver-
tragsbedingungen des konzerninternen Geschäftsvorfalls.[131] Die von der OECD
gewährte größere Spannweite in Bezug auf die Produktvergleichbarkeit unterliegt

---

[127] In Anlehnung an Kuckhoff, H./Schreiber, R. (1997), Rn. 105; Kurzewitz, C. (2009), S. 34; Dawid, R./Hülshorst, J./Mank, K. (2018), OECD-Verrechnungspreisgrundsätze für multinationale Unternehmen und Steuerverwaltungen – Erläuterungen, Kapitel II, Teil II, Rn. 103 f.

[128] Vgl. OECD (2018), S. 113 f., Rn. 2.28.

[129] Vgl. OECD (2018), S. 113 f., Rn. 2.28.

[130] Vgl. Dawid, R./Hülshorst, J./Mank, K. (2018), OECD-Verrechnungspreisgrundsätze für multinationale Unternehmen und Steuerverwaltungen – Erläuterungen, Kapitel II, Teil II, Rn. 104.

[131] Vgl. Schwerdt, D. (2016), S. 177.

einer Einzelfallbetrachtung und fordert je nach Umfang des Einflusses immaterieller Werte eine höhere Vergleichbarkeit der Produkte, um zuverlässige Ergebnisse zu erzielen.[132] Anders ausgedrückt steigen die Anforderungen an die Vergleichbarkeit der Produkte mit steigender Individualität bzw. steigendem Einsatz immaterieller Vermögenswerte. Als die größte Herausforderung der RP-Methode lässt sich die Ermittlung fremdvergleichskonformer Margen identifizieren.[133] Eine entsprechende Marge wird in Prozent ausgedrückt und im Vorhinein bestimmt.[134] Wird der Einkaufspreis als fix betrachtet, so folgt aus der Anwendung einer prozentualen Marge eine hohe Sensibilität im resultierenden Betrag, welcher teilweise steuerlich zu berücksichtigen ist. Dementsprechend können enorme Auswirkungen auf das Ergebnis folgen, falls die Marge nicht fremdvergleichskonform ist und bspw. um 2 % zu korrigieren ist. Letztlich sollten daher alle erforderlichen Anpassungsrechnungen ordentlich und nachvollziehbar dokumentiert werden, um bei Rückfragen der Finanzverwaltung mit qualitativen und quantitativen Fakten argumentieren zu können.[135] Die Beschaffung von ausreichenden Informationen und Daten kann sowohl für einen inneren als auch für einen äußeren Margenvergleich problematisch sein, obwohl die Anforderungen im Hinblick auf die Produktvergleichbarkeit im Gegensatz zur CUP-Methode geringer sind.[136] Ob im Ergebnis ein innerer oder äußerer Margenvergleich priorisiert anzuwenden ist, ist nicht direkt in den Verrechnungspreisleitlinien niedergeschrieben. Tendenziell ist ein innerer Margenvergleich zu präferieren.[137] Als Erklärungsansatz sind u. a. die der deutschen Gewinn- und Verlustrechnung zugeordneten verschiedenen Staffelformen des § 275 Abs. 2 f. HGB zu nennen. Im Rahmen der Bruttomargenberechnung können aufgrund der deutschen Vorschriften für ansonsten identische Sachverhalte abweichende Ergebnisse entstehen.[138] Hinzu kommen auf internationaler Ebene unterschiedliche Rechnungslegungsgrundsätze, die zu ab-

---

[132] Vgl. OECD (2018), S. 114 f., Rn. 2.31.

[133] Vgl. Kahle, H. (2007), S. 98.

[134] Vgl. Kurzewitz, C. (2009), S. 33 f.

[135] Vgl. Schwerdt, D. (2016), S. 178.

[136] Vgl. OECD (2018), S. 114, Rn. 2.30.

[137] Vgl. Dawid, R./Hülshorst, J./Mank, K. (2018), OECD-Verrechnungspreisgrundsätze für multinationale Unternehmen und Steuerverwaltungen – Erläuterungen, Kapitel II, Teil II, Rn. 101; Schwerdt, D. (2016), S. 177.

[138] Vgl. Dawid, R./Hülshorst, J./Mank, K. (2018), OECD-Verrechnungspreisgrundsätze für multinationale Unternehmen und Steuerverwaltungen – Erläuterungen, Kapitel II, Teil II, Rn. 104.

weichenden Rohgewinnmargen führen können und sich folglich negativ auf die Vergleichbarkeit auswirken.[139] Weiterhin von hoher Relevanz für die Vergleichbarkeit ist der Faktor Zeit.[140] Kauft bspw. B Arbeitsschuhe von einem konzernverbundenen Unternehmen, welches diese im Ausland produziert, ein und ist in Deutschland lediglich für den Vertrieb dieser zuständig, so ist anzunehmen, dass die Wiederverkaufspreismarge umso genauer ist, je weniger Zeit zwischen Kauf und Wiederverkauf vergangen ist.[141] Für den Fall, dass B die Ware zunächst nicht verkauft und diese auf Lager halten muss, sind bei Anwendung der RP-Methode zahlreiche Anpassungsrechnungen[142] notwendig.

Zusammenfassend erhält das Vertriebsunternehmen grundsätzlich einen geringeren Gewinn als das produzierende Unternehmen.[143] Herleiten lässt sich dies aus der Tatsache, dass das wiederverkaufende Vertriebsunternehmen i. d. R. überwiegend Routineaufgaben übernimmt und keine beachtlichen Beiträge zur Wertschöpfung des Endproduktes beiträgt, während der liefernde Produzent durchaus als Strategieträger zu qualifizieren ist.[144] Mittels der RP-Methode ist es für die Konzernzentrale möglich, die Verrechnungspreise international zu differenzieren und so auf die in den Endmärkten vorherrschenden Preise anzupassen, während Währungsrisiken aufgefangen werden können.[145]

3.2.3 Kostenaufschlagsmethode

In umgekehrter Weise zur RP-Methode wird der angemessene Verrechnungspreis mittels der Kostenaufschlagsmethode (cost plus method – CP-Methode) progressiv (sog. bottom-up-approach) ermittelt.[146] Dabei wird ausgehend von den Kosten, die dem liefernden bzw. leistenden Unternehmen entstanden sind, ein Aufschlag auf diese addiert.[147] Dieser Aufschlag entspricht dem Gewinnaufschlag,

---

[139] Vgl. Renz, M. (2018), 2. Abschnitt die AG und die KGaA, § 16 Auslandsaktivitäten inländischer und Inlandsaktivität ausländischer AG/KGaA, D. Verrechnungspreise, Rn. 204.

[140] Vgl. OECD (2018), S. 116, Rn. 2.36.

[141] Vgl. OECD (2018), S. 116, Rn. 2.36.

[142] Erforderliche Anpassungsrechnungen wären u. a. für Marktveränderungen, Kostenänderungen und Wechselkursänderungen nötig, vgl. OECD (2018), S. 116, Rn. 2.36.

[143] Vgl. Rieke, S. (2015), S. 103.

[144] Vgl. Kurzewitz, C. (2009), S. 162.

[145] Vgl. Pohl, C. (2018), Erster Teil. Internationale Verflechtungen (§ 1), § 1 Berichtigung von Einkünften, Rn. 83.

[146] Vgl. Kußmaul, H./Ruiner, C. (2010), S. 609.

[147] Vgl. OECD (2018), S. 119, Rn. 2.45.

welcher eine angemessene Vergütung für die getätigten Funktionen und die dabei übernommen Risiken sicherstellen soll.[148] Im Kern basiert die CP-Methode auf der Annahme, dass ein unabhängiges Unternehmen gegenüber fremden Dritten seine Preise so kalkuliert, dass mindestens die eigenen Kosten gedeckt sind und dabei eine angemessene Vergütung erzielt wird.[149] Verkaufen verbundene Unternehmen innerhalb des Konzerns Halbfabrikate, werden Verträge für die Nutzung gemeinsamer Einrichtungen bzw. langfristige Abnahme- und Liefervereinbarungen abgeschlossen oder geht es um die Erbringung von Dienstleistungen, so wird die CP-Methode als zweckmäßig klassifiziert.[150] Insbesondere lässt sich dieser breite Anwendungsbereich über die progressive Kalkulationsform herleiten. Anders als bei der CUP-Methode oder der RP-Methode wird bei der CP-Methode der fremdvergleichsübliche Preis nicht von einem am Markt entstandenen Preis abgeleitet. Stattdessen wird abseits des Marktes, ausgehend von den angefallenen Kosten, ein entsprechender Verrechnungspreis ermittelt. Infolgedessen ermöglicht die CP-Methode die Bewertung von Gütern und Leistungen, für die es am Markt schwer ist vergleichbare Geschäftsvorfälle aufzufinden. Jedoch werden die Marktverhältnisse unzureichend berücksichtigt, wodurch den leistenden Unternehmen stets ein Gewinn[151] zugestanden wird, obwohl dieser in der Realität aufgrund der Preisbildung durch Angebot und Nachfrage nicht gesichert ist.[152] Zwei ausschlaggebende Faktoren für die Höhe von Verrechnungspreisen, die mittels der CP-Methode ermittelt werden, sind einerseits die Kostenbasis und andererseits der Kosten- bzw. Gewinnaufschlag.[153] Beide Faktoren sollten bei einer Verrechnungspreisanalyse kritisch überprüft und nachvollziehbar dokumentiert sein, um fremdübliche Preise gewährleisten zu können. Im Rahmen der Kostenermittlung sind die beiden Dimensionen Zeitbezug und Sachumfang sowie der daraus resultierende erhebliche Ermessensspielraum als problematisch zu qualifizieren.[154]

---

[148] Vgl. Renz, M. (2017), S. 88 f.

[149] Vgl. Klein, W. et. al. (1983), S. 107.

[150] Vgl. OECD (2018), S. 119, Rn. 2.45.

[151] Voraussetzung hierfür ist die Ermittlung der Kostenbasis mittels Vollkosten. Dies stellt den „Normalfall" dar, vgl. Rupp, Thomas (2018), Rn. 440.

[152] Vgl. Klein, W. et. al. (1983), S. 107.

[153] Vgl. Vögele, A./Witt, W., in Vögele (2015), Verrechnungspreise, Kapitel G, Rn. 171.

[154] Vgl. Hanken, J./Kleinhietpaß, G. (2014), S. 120.

Sowohl eine Ermittlung auf Vollkostenbasis als auch auf Teilkostenbasis[155] ist je nach den Umständen realisierbar.[156] Nach dem Zeitbezug kann zwischen Ist-, Normal- und Plankosten unterschieden werden.[157] Die Finanzverwaltung erkennt in diesem Zusammenhang alle Kostenrechnungssysteme an, die betriebswirtschaftlichen Grundsätzen entsprechen.[158] Je nach Wahl des Kostenrechnungssystems können sich erhebliche Auswirkungen auf die Höhe der Kostenbasis ergeben. Kritisch anzumerken ist dabei, dass die OECD-Verrechnungspreisleitlinien keine Definition des Kostenbegriffs enthalten, wodurch zusätzlich eine Auslegung des pagatorischen-, des wertmäßigen-, des entscheidungsorientierten- sowie des investitionstheoretischen Kostenbegriffs möglich ist.[159] Obwohl die Wahl frei im Ermessen des ordentlichen und gewissenhaften Geschäftsleiters liegt, steht nach der OECD die Vergleichbarkeit der Kostenbasis im Vordergrund.[160] M. E. ist die freie Wahl des Kostenbegriffs sowie eines den Umständen angemessenen Kostenrechnungssystems durchaus wegen der Individualität von Unternehmen akzeptabel und darüber hinaus teilweise erforderlich. Dennoch entsteht hierbei ein enormes Anwendungsproblem der CP-Methode, da durch die gewährte Spannweite bei der Ermittlung der Kostenbasis insbesondere der Vergleich der Kostenaufschläge über einen externen Vergleichswert erschwert wird.

---

[155] Die Ermittlung auf Teilkostenbasis ist bspw. bei der Erschließung neuer Märkte zur Maximierung des Deckungsbeitrags möglich, vgl. Ditz, X. (2018), S. 446 f., Rn. 6.196.

[156] Vgl. Ditz, X. (2018), S. 446 f., Rn. 6.196.

[157] Vgl. Coenenberg, A./Fischer, T./Günther, T (2012), S. 71.

[158] Vgl. Bundesministerium der Finanzen (1983), Rn. 2.2.4.

[159] Vgl. Dawid, R./Hülshorst, J./Mank, K. (2018), OECD-Verrechnungspreisgrundsätze für multina-tionale Unternehmen und Steuerverwaltungen – Erläuterungen, Kapitel II, Teil II, Rn. 220.

[160] Vgl. Oestreicher, A. (2000), S. 40, Fn. 130., OECD (2018), S. 124, Rn. 258.

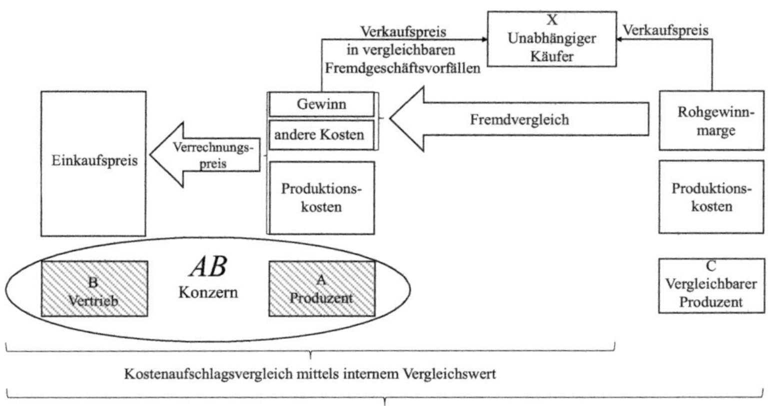

Abbildung 3: Systematik des Kostenaufschlagsvergleichs[161]

Die OECD scheint die Problematik der Anwendbarkeit eines Kostenaufschlagsvergleichs mittels externer Vergleichswerte bemerkt zu haben und bezeichnet daher den Kostenaufschlagsvergleich mittels interner Vergleichswerte als „Idealfall".[162] Bei einem Kostenaufschlagsvergleich mittels interner Vergleichswerte wird der festgelegte Kostenaufschlag eines konzerninternen Geschäftsvorfalls mit dem verwendeten Kostenaufschlag verglichen, den derselbe Lieferant (in *Abbildung 3* durch A dargestellt) in Fremdgeschäftsvorfällen verwendet.[163] Demgegenüber werden bei einem Kostenaufschlagsvergleich mittels externer Vergleichswerte, die Kostenaufschläge herangezogen, die von unabhängigen Unternehmen bei vergleichbaren Geschäftsvorfällen verwendet werden.[164] Neben der Schwierigkeit, einen vergleichbaren Geschäftsvorfall bei einem externen Unternehmen zu finden, eröffnet sich die Problematik, dass dieses Unternehmen seiner Kostenbasis identische Ermittlungsansätze zugrunde legen muss.[165] Ein Kostenaufschlagsvergleich mittels externer Vergleichswerte wird daher m. E. häufig eher eine verzerrende Wirkung aufweisen und in den meisten Fällen nicht praktikabel sein. In der

---

[161] In Anlehnung an Kuckhoff, H./Schreiber, R. (1997), Rn. 113; Kurzewitz, C. (2009), S. 36, OECD (2018), S. 119, Rn. 2.46.

[162] Vgl. OECD (2018), S. 119, Rn. 2.46.

[163] Vgl. OECD (2018), S. 119, Rn. 2.46.

[164] Vgl. OECD (2018), S. 119, Rn. 2.46.

[165] Vgl. Kußmaul, H./Müller, F. (2013), S. 240.

Praxis haben sich branchenspezifische, relativ konstante Gewinnaufschläge (bspw. 5-10 %) aufgetan, welche jedoch nicht flexibel genug sind, um für eine internationale Anwendung als geeignet zu gelten, wenn tatsächlich die im Einzelfall übernommenen Funktionen und Risiken Berücksichtigung finden sollen.[166]

Insgesamt geht die CP-Methode auf Basis einer empirischen Transferpreisstudie als die am häufigsten verwendete Methode hervor.[167] Ebenso wird dieses Ergebnis von der Literatur gestützt, wonach die CP-Methode als die am häufigsten angewendete Standardmethode gilt.[168] Letztlich stellt dieses Ergebnis keine verwunderliche Erkenntnis dar, sondern resultiert aus der vergleichsweise einfachen Anwendung.

3.3 Geschäftsvorfallbezogene Gewinnmethoden

3.3.1 Transaktionsbezogene Nettomargenmethode

Eine von der OECD als geschäftsvorfallbezogene Gewinnmethode bezeichnet, ist die sog. transaktionsbezogene Nettomargenmethode (transactional net margin method – TNM-Methode).[169] Im Kern werden bei dieser Methode die mittels einer konzerninternen Transaktion bzw. einer wirtschaftlich eng zusammenhängenden Gruppe von Transaktionen (sog. basket-Ansatz) erzielten Nettogewinnmargen mit jenen aus vergleichbaren Geschäftsvorfällen zwischen unabhängigen Unternehmen verglichen.[170] Um die Nettogewinnmarge zu berechnen, wird der Nettogewinn in Relation zu einer geeigneten Bezugsgröße (bspw. Kosten, Umsatz, Kapital) gesetzt.[171] Als fundamental gilt die zugrunde gelegte Hypothese, dass der Markt dieselben Funktionen und Risiken gleich vergütet.[172] Zumindest mittelfris-

---

[166] Vgl. Jacobs, O./Endres, D./Spengel, C. (2016), S. 573 f.

[167] Vgl. Eberenz, R./Müller, H./Schröder, M./Palmer, D./Ditz, X./Bärsch, S.-E./Kluge, S. (2018), S. 6.

[168] Vgl. Pohl, C. (2018), Erster Teil. Internationale Verflechtungen (§ 1), § 1 Berichtigung von Einkünften, Rn. 83; Jacobs, O./Endres, D./Spengel, C. (2016), S. 574; Rupp, Thomas (2018), Rn. 440.

[169] Vgl. OECD (2018), S. 126, Rn. 2.63. Unter bestimmten Bedingungen von der deutschen Finanzverwaltung anerkannt, vgl. Bundesministerium der Finanzen (2005), S. 29 f., Rn. 3.4.10.3. Buchstabe b).

[170] Vgl. OECD (2018), S. 126 f., Rn. 2.64; Kurzewitz, C. (2009), S. 40; § 2 Abs. 3 GAufzV.

[171] Vgl. Schwerdt, D. (2016), S. 190.

[172] Vgl. Dawid, R./Hülshorst, J./Mank, K. (2018), OECD-Verrechnungspreisgrundsätze für multinationale Unternehmen und Steuerverwaltungen – Erläuterungen, Kapitel II, Teil II, Rn. 275.

tig können Unternehmen, die vergleichbare Funktionen und Risiken ausüben, zueinander in Wettbewerb treten.[173] Resultierend daraus ergeben sich relative geringe Anforderungen in Bezug auf die Produktvergleichbarkeit im Unterschied zur CUP-Methode. Um dieser Idee gerecht zu werden, ist es jedoch essentiell, dass bspw. keine einzigartigen immateriellen Werttreiber einseitig mit in den Wertschöpfungsprozess fließen. Die TNM-Methode schließt über den Nettomargenvergleich auf fremdvergleichsübliche Verrechnungspreise – ähnlich zur RP-Methode und CP-Methode. [174] Ebenso wie bei der RP-Methode und der CP-Methode kann ein Vergleich des Nettogewinnindikators über vorzugsweise interne, oder alternativ über externe Vergleichswerte erfolgen.[175] Die Wahl des heranzuziehenden Konzernunternehmens wird bei Anwendung der TNM-Methode im Unterschied zur RP-Methode (setzt zwingend beim Leistungsabnehmer an) und zur CP-Methode (stellt zwingend auf den Leistungserbringer ab) freigestellt.[176] Welche Kennzahlen final zu einem solchen Vergleich herangezogen werden, ist von zahlreichen Bestimmungsfaktoren, wie bspw. der Art der Geschäftstätigkeit des geprüften Konzernunternehmens oder der Sicherheit, mit der die Kennzahl den Betriebserfolg ermittelt, der unter üblichen Marktbedingungen hätte erzielt werden können, abhängig.[177] Ein Hauptproblem im Rahmen der Wahl einer geeigneten Kennzahl ist dadurch gegeben, dass am Markt grundsätzlich Preise und keine Gewinne ausgehandelt werden, wodurch das Prinzip des Fremdvergleichs geringfügig verletzt wird.[178] Als umstrittene kostenbasierte Indikatoren gelten Berry-Ratios.[179] Definiert ist eine Berry-Ratio als die Relation vom Bruttogewinn zu den betriebsnotwendigen Aufwendungen.[180] Als Gleichung lässt sich dies folgendermaßen ausdrücken: $Berry\text{-}Ratio = \dfrac{Bruttogewinn}{betriebsnotwendige\ Aufwendungen}$. Als Unterform der CP-Methode stellt dieses Verhältnis einen Wertmaßstab für das Ausmaß der

---

173 Vgl. Dawid, R./Hülshorst, J./Mank, K. (2018), OECD-Verrechnungspreisgrundsätze für multinationale Unternehmen und Steuerverwaltungen – Erläuterungen, Kapitel II, Teil II, Rn. 275.

174 Vgl. Vögele, A./Raab, J., in Vögele (2015), Verrechnungspreise, Kapitel D, Rn. 350; Jacobs, O./Endres, D./Spengel, C. (2016), S. 577; OECD (2018), S. 126 f., Rn. 2.64.

175 Vgl. OECD (2018), S. 126 f., Rn. 2.64. Bzgl. einer bildhaften Darstellung der Funktionsweise wird auf Abbildung 2 und Abbildung 3 verwiesen.

176 Vgl. Kurzewitz, C. (2009), S. 41 f.

177 Vgl. Jacobs, O./Endres, D./Spengel, C. (2016), S. 578.

178 Vgl. Schmidt, L./Sigloch, J./Henselmann, K (2005), S. 398 f.

179 Vgl. OECD (2018), S. 141 f., Rn. 2.107.

180 Vgl. OECD (2018), S. 141, Rn. 2.106.

von einem Händler erbrachten Distributionsdienstleistungen dar.[181] Zudem bringt eine Berry-Ratio zum Ausdruck, welchen Gewinnaufschlag ein Unternehmen über seine Aufwendungen hinaus erwirtschaften kann.[182] Das mit dieser Kennzahl zusammenhängende Vergleichbarkeitsproblem ist durch die relativ hohe Sensitivität je nach Einstufung der Kosten gegeben.[183] Bspw. gibt es Fälle, in denen ein Unternehmen bestimmte Kosten als betriebsnotwendige Aufwendungen einstuft, während ein vergleichbares Unternehmen diese anders einordnet. In Summe kann dies zu Abweichungen führen, die zu Verzerrungen eines solchen Vergleichs führen. Aufgrund der daraus folgenden Unsicherheit stellt die OECD restriktive Anforderungen[184] an Berry-Ratios. Mittels dieser Anwendungseinschränkungen wird deutlich, dass es sich bei Berry-Ratios im Vergleich zu anderen Nettogewinnindikatoren nicht um einen Indikator der ersten Klasse handelt. Aufgrund der Kostenklassifizierung und der damit in Zusammenhang stehenden Unsicherheit sowie der Tatsache, dass es sich streng genommen um eine Bruttogewinngröße handelt, ist dies wenig verwunderlich.[185] Im Ergebnis stuft die OECD diese Kennziffer für konzerninterne Zwischenvertriebsfunktionen unter entsprechenden Umständen als geeignet ein.[186] Auch m. E. ist es sinnvoll, Berry-Ratios nicht im Vorhinein auszuschließen. Insbesondere dann, wenn aufgrund fehlender Marktpreise (bspw. in Ermangelung an Fremdverkäufen) keine Standardmethode in Betracht kommt, können Berry-Ratios möglicherweise eine geeignete Altenative bieten. Dennoch sollte einem Steuerpflichtigen im Falle der Verwendung von Berry-Ratios im Rahmen der TNM-Methode die erhöhte Unsicherheit in Bezug auf die Angemessenheit seiner Verrechnungspreise bewusst sein. Einerseits wird die Aufmerksamkeit in Betriebsprüfungen leicht auf Verrechnungspreise, die auf einer solch „außergewöhnlichen" Basis beruhen, gerichtet. Andererseits sind die von der OECD formulierten Anforderungen in der Tat sehr restriktiv auf bestimme Sachverhalte zugeschnitten.[187]

---

[181] Vgl. Fiehler, K. (2007), S. 470.

[182] Vgl. Jacobs, O./Endres, D./Spengel, C. (2016), S. 579 f.

[183] Vgl. OECD (2018), S. 141 f., Rn. 2.107.

[184] Vgl. OECD (2018), S. 141 f., Rn. 2.107.

[185] Vgl. Dawid, R./Hülshorst, J./Mank, K. (2018), OECD-Verrechnungspreisgrundsätze für multinationale Unternehmen und Steuerverwaltungen – Erläuterungen, Kapitel II, Teil II, Rn. 444.

[186] Vgl. OECD (2018), S. 141 f., Rn. 2.108; Vögele, A./Raab, J., in Vögele (2015), Verrechnungspreise, Kapitel D, Rn. 362.

[187] Vgl. OECD (2018), S. 141 f., Rn. 2.107.

Ein wesentlicher Vorteil der TNM-Methode begründet sich durch den weniger starken Einfluss unterschiedlicher Geschäfte auf die Nettogewinnmargen im Vergleich zu den Auswirkungen auf Preise oder Bruttomargen.[188] Der Anwendungsbereich dieser Methode beschränkt sich grundsätzlich auf Unternehmen mit Routinefunktionen und Unternehmen, die in einzelnen Geschäftsbereichen Routinefunktionen durchführen, sofern es segmentierte Finanzzahlen gibt.[189]

3.3.2 Transaktionsbezogene Gewinnaufteilungsmethode

Die transaktionsbezogene Gewinnaufteilungsmethode (transactional profit split method – TPS-Methode)[190] zielt darauf ab, mittels eines betriebswirtschaftlichen Aufteilungsmaßstabs, den gemeinsam aus einer Transaktion zwischen verbundenen Unternehmen resultierenden prognostizierten Nettogewinn zwischen den beteiligten Konzerngliedern aufzuteilen.[191] Infolgedessen erfolgt die Gewinnaufteilung ex ante zwischen den verbunden Unternehmen.[192] Insbesondere für den Fall, dass konzerninterne Transaktionen in einer engen wechselseitigen Beziehung zueinanderstehen, sodass eine Einzelbewertung bei den jeweiligen Vertragspartnern nicht möglich ist, eröffnet sich der Anwendungsbereich dieser Methode.[193] Häufig sind derartige Strukturen bspw. in Joint Venture Situationen zu finden.[194] Im Vordergrund steht es, den Gewinn so zu bestimmen, wie unabhängige Unternehmen ihn unter vergleichbaren Umständen realisieren würden.[195] Das allgemeine Vorgehen unterteilt sich in zwei Schritte. In einem ersten Schritt ist der aufzuteilende Gesamtgewinn zu ermitteln, der sich aus dem konzerninternen

---

[188] Vgl. Dawid, R./Hülshorst, J./Mank, K. (2018), OECD-Verrechnungspreisgrundsätze für multinationale Unternehmen und Steuerverwaltungen – Erläuterungen, Kapitel II, Teil II, Rn. 296.

[189] Vgl. Schwerdt, D. (2016), S. 191.

[190] Anzumerken ist, dass die Methode vorzugsweise als „Ergebnisaufteilungsmethode" benannt werden sollte, denn sie ist sowohl im Gewinn- als auch im Verlustfall anzuwenden, vgl. Hanken, J./Kleinhietpaß, G. (2014), S. 122; OECD (2018), S. 144, Rn. 2.114.

[191] Vgl. Hummel, K. (2010), S. 65; Kurzewitz, C. (2009), S. 44 f.; OECD (2018), S. 144, Rn. 2.114.

[192] Vgl. Brähler, G. (2014), S. 443.

[193] Vgl. Kurzewitz, C. (2009), S. 44.

[194] Vgl. Vögele, A./Raab, J., in Vögele (2015), Verrechnungspreise, Kapitel D, Rn. 452. Zudem zu beachten ist die Definition verbundener Unternehmen in den jeweiligen Steuergesetzen, wodurch selbst bei Joint Ventures mit bzw. zwischen nicht konzernverbundenen Partnern eine Einhaltung der Verrechnungspreisbestimmungen zwingend sein kann, vgl. Vögele, A./Raab, J., in Vögele (2015), Verrechnungspreise, Kapitel D, Rn. 452.

[195] Vgl. Renz, M. (2017), S. 90.

Geschäftsvorfall ergibt.[196] Im zweiten Schritt ist dieser zwischen den verbundenen Unternehmen fremdüblich aufzuteilen.[197] Die OECD beschränkt sich in den Verrechnungspreisleitlinien auf zwei Empfehlungen bzgl. der Gewinnaufteilung. Dabei werden die sog. Beitragsanalyse und die Restgewinnanalyse genauer dargestellt.[198] Zu beachten ist in diesem Zusammenhang, dass sich diese beiden Gewinnaufteilungsansätze weder gegenseitig ausschließen noch die Verwendung anderer Ansätze einschränken.[199]

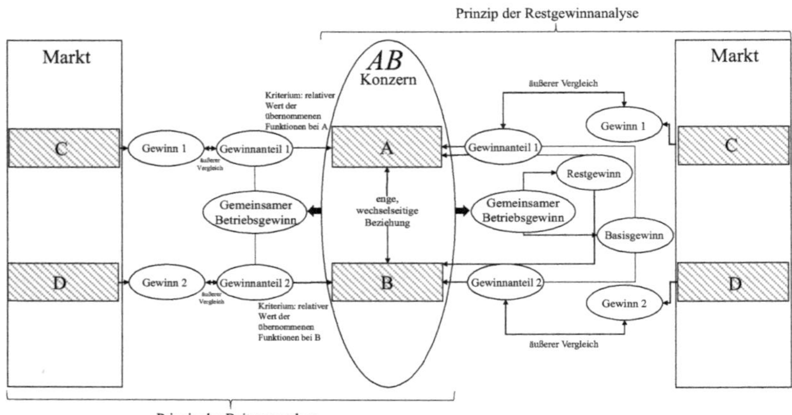

Abbildung 4: Gegenüberstellung Beitragsanalyse und Restgewinnanalyse[200]

Im Rahmen der Beitragsanalyse muss zunächst eine Gewichtung der übernommenen Funktionen der einzelnen Konzernunternehmen je interner Transaktion erfolgen.[201] Aufbauend auf dieser Gewichtung erfolgt im Anschluss die prozentuale Gewinnaufteilung mittels eines Aufteilungsschlüssels (häufig basierend auf Kosten oder Vermögen).[202] Ein äußerer Vergleich soll dabei die Fremdvergleichs-

---

[196] Vgl. OECD (2018), S. 144, Rn. 2.114.

[197] Vgl. OECD (2018), S. 144, Rn. 2.114.

[198] Vgl. OECD (2018), S. 148-150, Rn. 2.125-2.129.

[199] Vgl. OECD (2018), S. 148, Rn. 2.124.

[200] In Anlehnung an Hummel, K. (2010), S. 65 und S. 67; OECD (2018), S. 148-150, Rn. 2.125-2.129; Hanken, J./Kleinhietpaß, G. (2014), S. 124.

[201] Vgl. Rieke, S. (2015), S. 87.

[202] Vgl. Jacobs, O./Endres, D./Spengel, C. (2016), S. 583.

üblichkeit sicherstellen.[203] Häufig ist die Identifizierung der einzelnen Wertschöpfungsbeiträge aufwendig, subjektiv sowie als konflikterregend anzusehen.[204] Bspw. sind zwei verbundene Unternehmen an der Programmierung einer einzigartigen, hoch komplexen Software beteiligt. Beide Unternehmen liefern immaterielle Leistungen zur Fertigstellung derselben. Im Ergebnis ist es einerseits sehr aufwendig (falls überhaupt möglich) den tatsächlichen Nutzen, den das einzelne Unternehmen zur Software beigetragen hat, zu identifizieren. Andererseits können gleichzeitig Konflikte zwischen den verbundenen Unternehmen entstehen. Vor allem in solchen Fällen, in denen nicht ex ante eindeutig definiert ist, welches Unternehmen welchen Wertbeitrag leistet, können „interne" Konflikte eine Gefahr für die Zusammenarbeit darstellen.

Gegenüber der Beitragsanalyse verfolgt die Restgewinn- bzw. Residualgewinnanalyse einen zweistufigen Ansatz, um einer „verursachungsgerechten" Gewinnaufteilung Rechnung zu tragen.[205] Auf der ersten Stufe wird jedem an der Transaktion beteiligten Unternehmen eine fremdübliche Vorabvergütung für Routinefunktionen, also nicht einzigartige Beiträge, zugeordnet.[206] In einem zweiten Schritt wird der verbleibende Restgewinn (oder Verlust), basierend auf dem jeweiligen Beitrag zur Wertschöpfung und insbesondere den Beiträgen von einzigartigen, immateriellen Wirtschaftsgütern zwischen den Transaktionsbeteiligten aufgeteilt.[207] Der zur Aufteilung benötigte relative Wert der Beiträge der Konzernunternehmen zum Betriebsergebnis kann bspw. durch eine Gegenüberstellung der Entwicklungskosten pro eine Einheit Umsatz ermittelt werden.[208] Letztlich werden somit erst im zweiten Schritt die aufgrund der einzigartigen Wertbeiträge erzielten Erfolgsbeiträge aufgeteilt.[209] Die im ersten Schritt zugestandene „Normalrendite" kann anhand der Standardmethoden bzw. der TNM-Methode

---

[203] Vgl. Bundesministerium der Finanzen (2005), S. 30, Rn. 3.4.10.3. Buchstabe c).

[204] Vgl. Hanken, J./Kleinhietpaß, G. (2014), S. 124.

[205] Vgl. OECD (2018), S. 149, Rn. 2.127.

[206] Vgl. Wassermeyer, F./Baumhoff, H./Ditz, X./Greinert, M./Hick, C./Liebchen, D./Puls, M. (2018), Rn. 849. Der hier angesprochene Gewinn wird in Abbildung 4 als Basisgewinn bezeichnet.

[207] Vgl. Schwerdt, D. (2016), S. 206 f.

[208] Vgl. Kurzewitz, C. (2009), S. 48.

[209] Vgl. Dawid, R./Hülshorst, J./Mank, K. (2018), OECD-Verrechnungspreisgrundsätze für multinationale Unternehmen und Steuerverwaltungen – Erläuterungen, Kapitel II, Teil II, Rn. 520.

hergeleitet werden und somit zu einer verbesserten Verlässlichkeit der TPS-Methode beitragen.[210]

Ein Vorteil der TPS-Methode soll u. a. darin bestehen, dass diese Methode auch in Fällen angewendet werden kann, in denen keine vergleichbaren Geschäftsvorfälle zwischen unabhängigen Unternehmen vorzufinden sind.[211] M. E. ist einer solch formelhaften Gewinnaufteilung kritisch gegenüber zu stehen. Fragwürdig bleibt, wie fremdüblich die Gewinnaufteilung tatsächlich ist, falls keine Unternehmen zu einem Vergleich herangezogen werden können. Diese Konstellation sollte in der Praxis regelmäßig der Fall sein, denn die OECD empfiehlt die TPS-Methode für hoch integrierte Tätigkeiten, für die eine einseitige Methode (CUP-, RP-, CP-, TNM-Methode) nicht geeignet ist. Sofern eine einseitige Methode geeignet wäre, gäbe es i. d. R. auch Vergleichsunternehmen mit vergleichbaren Geschäftsvorfällen. Zwar soll durch die doppelseitige Betrachtung der Funktionen, Wertschöpfungsbeiträge und Gewinne beider Geschäftspartner sichergestellt werden, dass kein Transaktionsbeteiligter auf unangemessen hohe bzw. unangemessen niedrige Weise am Gewinn partizipiert, dennoch ist dies m. E. durch eine ausreichende Zurechtlegung der Argumentationsgrundlage möglich.[212] Hat bspw. ein Unternehmen seinen Sitz in einem Niedrigsteuerland, während das korrespondierende verbundene Unternehmen in einem Land mit einem höheren Steuersatz ansässig ist, so ist es bei ohnehin guter Ertragslage beider Unternehmen erstrebenswert, das Steuersubstrat in dem Land mit dem höheren Steuersatz möglichst gering zu halten. Überträgt man dieses Fallbeispiel auf eine Situation, in welcher der Wert der Leistung überwiegend auf komplexen, immateriellen, schwer quantifizierbaren Leistungen beruht, so ist m.E. eine Gewinnverlagerung vergleichsweise „simpel" zu realisieren. Wird sich in diesem Fall auf eine Restgewinnanalyse berufen, die zumindest eine fremdübliche Verteilung des Basisgewinns ermöglicht, so sollten sowohl dem Steuerpflichtigen als auch der Finanzverwaltung die Komplexität dieses Verfahrens sowie der damit verbundene enorme Ressourcenaufwand bewusst sein.[213] Außerdem als problematisch zu qualifizieren, ist die Ermittlung des gemeinsamen Gewinns, der in diesem Zusammenhang transaktionsbezogen zu

---

[210] Vgl. Wassermeyer, F./Baumhoff, H./Ditz, X./Greinert, M./Hick, C./Liebchen, D./Puls, M. (2018), Rn. 849.

[211] Vgl. Schwerdt, D. (2016), S. 201; Zuckerschwerdt, C./Meuter, U. (2013), S. 105.

[212] Vgl. Zuckerschwerdt, C./Meuter, U. (2013), S. 105 f.

[213] Vgl. Esakova, N (2019), S. 155.

betrachten ist.[214] Somit kann bereits der Ausgangspunkt der Beitragsanalyse und der Restgewinnanalyse verzerrt sein. Schlussfolgernd ist die TPS-Methode in Deutschland m. E. zu Recht als „ultima ratio" zu behandeln.[215] Unter Beachtung der Tatsache, dass diese Methode dennoch in Zukunft aufgrund der fortschreitenden Digitalisierung und der daraus resultierenden höheren Komplexität in Bezug auf konzerninterne Leistungen an Bedeutung gewinnen könnte, wäre es wünschenswert, wenn seitens der OECD ausreichend klare Hinweise zur Anwendung der TPS-Methode gegeben werden würden, um die Rechtssicherheit des Steuerpflichtigen zu erhöhen.[216]

3.4 Methodenhierarchie in Deutschland

In den vorstehenden Abschnitten dieses Kapitels wurden die grundlegenden Prinzipien sowie die etablierten, von der OECD empfohlenen, Methoden zur Verrechnungspreisbildung erläutert sowie deren Schwachstellen aufgezeigt und diskutiert. Teilweise wurde eine Rangfolge der Methoden deutlich und teilweise wurde auf diese Wertung verzichtet. Um der Gefahr einer Verrechnungspreiskorrektur möglichst entgegen wirken zu können, soll dieser Abschnitt einen Überblick über die Methodenhierarchie in Deutschland geben.

Bisher konnte es durchaus so wirken, dass für einen bestimmten Verrechnungspreissachverhalt genau eine Methode anzuwenden ist. Allerdings können sowohl mehrere Methoden als auch eine Methodenkombination für die Preisfindung sowie für die Prüfung der Preise herangezogen werden.[217] Wird im Falle eines Verrechnungspreissachverhalts, dass u. a. einschlägige deutsche Außensteuergesetz analysiert, so ist festzustellen, dass die geschäftsvorfallbezogenen Standardmethoden in § 1 Abs. 3 Satz 1 AStG explizit aufgeführt werden. Dagegen sind die erst im Jahr 2005 in Deutschland eingeführten geschäftsvorfallbezogenen Gewinnmethoden lediglich in Rn. 3.4.10.3 VWG-V 2005 erwähnt.[218] Hieraus lässt sich ableiten, dass die Standardmethoden bevorzugt anzuwenden sind. Dies verdeutlicht zudem die Tatsache, dass gem. § 1 Abs. 3 Satz 1 AStG die drei Standardmethoden

---

[214] Vgl. OECD (2018), S. 150, Rn. 2.130.

[215] Vgl. Bundesministerium der Finanzen (2005), S. 30, Rn. 3.4.10.3. Buchstabe c).

[216] Vgl. Esakova, N (2019), S. 155.

[217] Vgl. Bundesministerium der Finanzen (1983), Rn. 2.4.2.

[218] Vgl. Bundesministerium der Finanzen (2005), S. 29 f., Rn. 3.4.10.3 b), 3.4.10.3 c).

seit der Unternehmenssteuerreform 2008 bevorzugt anzuwenden sind, sofern ein uneingeschränkt vergleichbarer Fremdvergleichswert auffindbar ist. Die Formulierung lautet bewusst auf den Singular „Fremdvergleichswert", da eine uneingeschränkte Vergleichbarkeit auch dann bejaht werden kann, wenn nur ein einziger Fremdvergleichswert vorhanden ist.[219] In der Literatur ist strittig, ob innerhalb des Bereichs der Standardmethoden eine Rangfolge ableitbar ist. Eine Seite versucht einen Vorrang der CUP-Methode gegenüber der RP-Methode und der CP-Methode herzuleiten.[220] Hingegen verneint die Gegenmeinung dieser Ansicht zu folgen.[221] Dabei betont die Gegenseite insbesondere den Gedanken, dass der Steuerpflichtige ein Wahlrecht auf die anzuwendende Methode hat.[222] M. E. ist der zuletzt genannte Ansatz tendenziell schlüssiger, denn wäre dies nicht beabsichtigt, hätte der Gesetzgeber dies im Gesetz entsprechend verankern können. Insbesondere wird dieses Wahlrecht ähnlich in den Verwaltungsgrundsätzen 1983[223] dargestellt. Letztendlich sind Verrechnungspreissachverhalte meiner Einschätzung nach zu heterogen, um eine pauschale, für alle Fallgruppen zutreffende Methodenrangfolge zur Prüfung von Verrechnungspreisen herzuleiten. Jedoch ist trotzdem anzumerken, dass die CUP-Methode den tatsächlichen Fremdvergleich konkretisiert und daher - falls möglich - zur Anwendung kommen sollte.[224] Vielmehr sollte dies m. E. derart auszulegen sein, dass - sofern anwendbar - die CUP-Methode zum Zuge kommen sollte, was im Umkehrschluss nicht zwangsläufig zu einer Benachteiligung von Steuerpflichtigen führt, bei welchen die CUP-Methode aufgrund fehlender Fremdvergleichsdaten nicht zur Anwendung kommen kann. Nach dieser kurzen Untersuchung der Methodenrangfolge innerhalb der Standardmethoden bleibt auf die nachrangig zum Einsatz kommenden geschäftsvorfallbezogenen Gewinnmethoden zu verweisen.[225] Bei diesen finden sich in den deutschen Verrechnungspreiserlassen ebenfalls keine expliziten Hinweise auf ei-

---

[219] Vgl. Hofacker, M. (2016), Rn. 193.

[220] Vgl. Wassermeyer, F. (2007), S. 535; Baumhoff, H./Ditz, X./Greinert, M. (2007), S. 1461.

[221] Vgl. Pohl, C. (2018), Erster Teil. Internationale Verflechtungen (§ 1), § 1 Berichtigung von Einkünften, Rn. 101.

[222] Vgl. Pohl, C. (2018), Erster Teil. Internationale Verflechtungen (§ 1), § 1 Berichtigung von Einkünften, Rn. 101 i. V. m. Bundesministerium der Finanzen (1983), Rn. 2.4.1.

[223] Vgl. Bundesministerium der Finanzen (1983), Rn. 2.4.1.

[224] Vgl. Kurzewitz, C. (2009), S. 70 f.

[225] Vgl. § 1 Abs. 3 Satz 1 AStG.

ne Rangfolge, sodass eine gleichrangige Behandlung dieser anzunehmen ist.[226] In Deutschland als sinnvoll anzusehen, gilt es ein Stufenverhältnis der Methoden zur Bestimmung von Fremdvergleichswerten auf Basis des § 1 Abs. 3 AStG herzuleiten.[227] Dieses regelt lediglich den Vorrang des tatsächlichen Fremdvergleichs vor dem hypothetischen[228] Fremdvergleich.[229] Anhand dieser Grundlage lässt sich, je nach Vergleichbarkeit der entsprechenden Transaktionen, auf die Anwendung verschiedener Methoden hinweisen.[230]

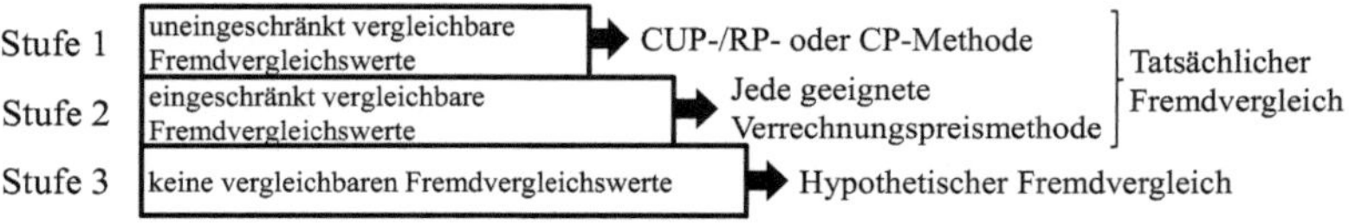

Abbildung 5: Stufenverhältnis der Verrechnungspreismethoden zur Bestimmung von Fremdvergleichswerten nach dem AStG[231]

Resultierend aus diesem Stufenverhältnis ergibt sich die Auswahl der angemessenen Verrechnungspreismethode insbesondere in Abhängigkeit von der Verfügbarkeit geeigneter Fremdvergleichsdaten.[232] Nach Auffassung der Finanzverwaltung wird konzediert, dass die Methodenwahl des Unternehmens absoluten Vorrang hat, wenn mehrere methodische Ansätze vertretbar sind und daher deren Wahl im Ergebnis zudem als vertretbar anzusehen ist.[233] Seitens der OECD wird an dem Ansatz der „am besten geeigneten Verrechnungspreismethode" festgehalten, wonach die für die einzelne Transaktion am besten geeignete Methode zum Tragen kommt und dabei nicht an einer strengen Methodenhierarchie festgehalten wird.[234] Dieser Ansatz ist konzeptionell auf die sog. „Best-Method-Rule" der

---

[226] Vgl. Kurzewitz, C. (2009), S. 72.

[227] Vgl. Kroppen, H.-K./Rasch, S./Eigelshoven, A. (2007), S. 309.

[228] Vgl. zum hypothetischen Fremdvergleich Fußnote 83.

[229] Vgl. Baumhoff, H./Ditz, X./Greinert, M. (2007), S. 1461 f.

[230] Vgl. Nientimp, A. (2017), S. 270 f., Rn 150.

[231] In Anlehnung an Nientimp, A. (2017), S. 271, Rn 151 i. V. m. Baumhoff, H./Liebchen, D., in: Wassermeyer, F./Baumhoff, H. (2014), Kapitel 5, Rn. 5.149.

[232] Vgl. Schwerdt, D. (2016), S. 208.

[233] Vgl. Baumhoff, H./Liebchen, D., in: Wassermeyer, F./Baumhoff, H. (2014), Kapitel 5, Rn. 5.155.

[234] Vgl. Baumhoff, H./Liebchen, D., in: Wassermeyer, F./Baumhoff, H. (2014), Kapitel 5, Rn. 5.142.

US-amerikanischen Verrechnungspreisrichtlinien zurückzuführen.[235] Aus den vorherigen Ausführungen geht hervor, dass die „Methodenhierarchie" nur teilweise als eine Rangfolge der Methoden zu betrachten ist. M. E. sollte der Ansatz der OECD maßgebend sein, da dieser in Bezug auf das internationale Umfeld von Verrechnungspreisen tendenziell zu anerkannten Verrechnungspreisen führt. Um die Rechtssicherheit des Steuerpflichtigen möglichst hoch zu gestalten, empfiehlt sich in der Einzelfallbetrachtung zunächst den Vorschriften und dem entsprechenden Vorgehen des deutschen Außensteuergesetzes zu folgen. Insgesamt wäre es wünschenswert, wenn die internationalen Ansätze im Hinblick auf die Methodenwahl näher angeglichen werden, sodass zahlreiche Verrechnungspreiskonflikte vermieden werden könnten. Bspw. wird in den USA nach der „Best-Method-Rule" die sog. Gewinnvergleichsmethode[236] gewählt, während diese im korrespondierenden Staat wiederum als unzulässig eingestuft werden könnte.[237] Die hierdurch entstehenden Probleme, wie bspw. eine Verrechnungspreiskorrektur, könnten u. a. durch einen angeglichenen internationalen Ansatz in ihrer Entstehung verhindert werden.

---

[235] Vgl. Electronic Code of Federal Regulations (2019), § 1.482-1 (c); Kurzewitz, C. (2010) S. 104 f.

[236] Vgl. ausführlich Vögele, A./Raab, J., in Vögele (2015), Verrechnungspreise, Kapitel D, Rn. 371 - 374.

[237] Vgl. Bundesministerium der Finanzen (2005), S. 31, Rn. 3.4.10.3 d).

4 Ökonomische Analyse ausgewählter Aspekte im Rahmen der Verrechnungspreisbildung

4.1 Advance Pricing Agreements zur Erlangung von Rechtssicherheit?

Ein Advance Pricing Agreement (APA) zielt darauf ab, Unsicherheiten im Zusammenhang mit Verrechnungspreismethoden und den resultierenden Verrechnungspreisen, basierend auf Meinungsverschiedenheiten zwischen Steuerverwaltungen, soweit im Voraus möglich, einvernehmlich zu vermeiden.[238] Nach internationalem Verständnis handelt es sich um eine Vorabvereinbarung zwischen dem Steuerpflichtigen und einer oder mehreren Finanzverwaltungen.[239] Hinsichtlich der Anzahl der beteiligten Finanzverwaltungen sind drei verschiedene Formen dieser Vorabvereinbarungen zu unterscheiden.[240] Zu differenzieren ist zwischen unilateralen-, bilateralen- und multilateralen[241] APAs.[242] Inhaltlich beschränkt sich dieses Instrument zur Vermeidung künftiger Verrechnungspreiskonflikte im Wesentlichen auf die Festlegung einer bestimmten Verrechnungspreismethode, auf die Anwendungsmodalitäten sowie auf die Gültigkeitsbedingungen (sog. kritische Annahmen), unter denen das APA für die Steuerverwaltungen Bindungswirkung hat.[243] Tatsächlich bindet ein unilaterales APA nur die jeweils inländische Finanzverwaltung, weshalb nur bilaterale oder multilaterale Vereinbarungen vor einer wirtschaftlichen Doppelbesteuerung schützen können.[244] Um beurteilen zu können, ob steuerpflichtige Unternehmen durch den Abschluss eines APAs in betriebswirtschaftlich sinnvoller Weise Rechtssicherheit erlangen können, sollten die Einflussfaktoren Kosten, Verfahrensdauer, Kooperation, Rückbeziehung und Gültigkeitsbedingungen analysiert werden.[245] Die entsprechende Analyse sollte im Einzelfall erfolgen und entschieden werden. Um eine sachgemäße Entschei-

---

[238] Vgl. Bundesministerium der Finanzen (2006), S. 4, Rn. 1.1.

[239] Vgl. Kurzewitz, C. (2009), S. 385.

[240] Vgl. Rieke, S. (2015), S. 118.

[241] Mehrere getrennt durchgeführte, aber inhaltlich übereinstimmende APAs.

[242] Vgl. Brähler, G. (2014), S. 451; OECD (2018), S. 234 f., Rn. 2.140 f.

[243] Vgl. Grotherr, S. (2005a), S. 350.

[244] Vgl. Vollert, P./Eikel, C./Sureth, C. (2013), S. 370; Kurzewitz, C. (2009), S. 386 f.; für eine ausführliche Erläuterung zu den einzelnen Formen Grotherr, S. (2005b), S. 857 f.

[245] Vgl. Vollert, P./Eikel, C./Sureth, C. (2013), S. 373.

dung treffen zu können, sollten die in *Tabelle 1* aufgeführten Einflussfaktoren genauer betrachtet und in die Entscheidung mit einbezogen werden.

Einflussfaktoren	Zusammensetzung, Dauer, Relevanz
Kosten	- Gebühr zur Einleitung des Verfahrens - Kosten für interne und externe Berater
Verfahrensdauer (durchschnittlich)	- 36 Monate innerhalb der EU für 2017 gewährte APAs - 47 Monate außerhalb der EU für 2017 gewährte APAs
Kooperation	Kooperation zwischen Steuerverwaltung und steuerpflichtigen Unternehmen sehr wichtig.
Rückbeziehung	Möglich, sofern die Jahre vor dem APA in geschäftlicher und ökonomischer Weise den Jahren, in denen das APA Anwendung findet, entsprechen.
Gültigkeitsbedingungen	Festlegung und Einhaltung der Gültigkeitsbedingungen für die gesamte Laufzeit (i.d.R. 3-5 Jahre)

Tabelle 1: Kurzfassung verschiedener Einflussfaktoren zur Bewertung von APAs[246]

In einem ersten Schritt sollten die Kosten eines solchen Verfahrens im Vergleich mit der entsprechenden Transaktion, der Häufigkeit und der Rentabilität derselben verglichen werden. Die Gebühr zur bloßen Einleitung eines APA-Verfahrens beim Bundeszentralamt für Steuern beträgt 20.000 €.[247] Anhand dieser Gebühr ist erkennbar, dass APAs grundsätzlich für größere multinationale Konzerne mit regelmäßig, grenzüberschreitenden Transaktionen interessant sind. Sollte diese Barriere überwunden werden, ist die Verfahrensdauer genauer zu betrachten und zu unterscheiden, ob es sich um ein APA innerhalb oder außerhalb der EU handelt. Je nach Antragsland ist die durchschnittliche Verhandlungsdauer zwischen den Finanzverwaltungen von unterschiedlicher Länge.[248] Um die am besten geeignete Verrechnungspreismethode eruieren zu können, ist eine enge Kooperation zwischen Finanzverwaltung und dem Steuerpflichtigen unvermeidbar.[249] M. E. ist eine solch enge Zusammenarbeit im Rahmen der Vorbereitung eines APA durchaus bedenklich für den Steuerpflichtigen, bei gleichzeitigem Vorteil für die Finanzverwaltung. Besonders bedenklich für den Steuerpflichtigen ist die freiwil-

---

[246] Vgl. Vollert, P./Eikel, C./Sureth, C. (2013), S. 373-375; Bundesministerium der Finanzen (2006), S. 15 f., Rn. 3.8; Kurzewitz, C. (2009), S. 392-398; Europäische Kommission (2018), S. 3.

[247] Vgl. § 178a Abs. 2 Satz 1 AO.

[248] Vgl. Europäische Kommission (2018), S. 2-4.

[249] Vgl. Vollert, P./Eikel, C./Sureth, C. (2013), S. 374.

lige Preisgabe von internen Daten zur intensiven Prüfung ohne Sicherheit, dass das APA erfolgreich abgeschlossen wird.[250] Die Finanzverwaltung erhält durch die Kooperation wichtige interne Daten und profitiert von diesem Wissen auch in Fällen, in denen kein APA zustande kommt. Als vorteilhaft sollte in den Entscheidungsvorgang die Rückbeziehung mit einfließen. Diese ermöglicht es dem Steuerpflichtigen, unter bestimmten Voraussetzungen, ein APA nicht nur auf zukünftige Veranlagungszeiträume, sondern auch auf Veranlagungszeiträume, die der Laufzeit des APA vorangehen anzuwenden.[251] Letztlich stellen die Gültigkeitsbedingungen, welche den Kern eines APA darstellen, das größte Problemfeld dar.[252] Um die Finanzverwaltung an ein APA binden zu können, ist es notwendig, die Gültigkeitsbedingungen während der gesamten Laufzeit einzuhalten.[253] Daraus ergeben sich umfangreiche Konsequenzen für ein Unternehmen. Einerseits kommt es zu einer Einschränkung der unternehmerischen Flexibilität, andererseits müssen im heutigen Zeitalter Produktionsprogramme, Geschäftsmodelle und entsprechende Prozesse schnell überarbeitet werden, um wettbewerbsfähig zu bleiben. Außerdem ist der enorme Verwaltungsaufwand des Unternehmens in Bezug auf die Dokumentations- und Nachweispflichten zu beachten.[254] Hierfür werden schnell größere Summen für externe Berater bzw. die Erweiterung der internen Ressourcen fällig. Zusammenfassend bieten APAs eine Möglichkeit, um mehr Rechtssicherheit zu erlangen und somit verbesserte Planungsmöglichkeiten ausnutzen zu können. Für jede Transaktion ist ein APA jedoch keinesfalls geeignet. Über eine Analyse der aufgeführten Einflussfaktoren sollte eine Einzelfallentscheidung getroffen werden. Ratsam ist ein APA insbesondere für Unternehmen, die enorme Rechtsunsicherheit bzgl. der Verrechnungspreismethode aufweisen und gleichzeitig eines der Unternehmen über die Beweislast verfügt, dass die vereinbarten Entgelte fremdvergleichskonform sind.[255]

---

[250] Vgl. Jacobs, O./Endres, D./Spengel, C. (2016), S. 884. Grotherr, S. (2005b), S. 855, 863; Menck, T. (2007), S. 307 f.

[251] Vgl. Bundesministerium der Finanzen (2006), S. 25 f., Rn. 7.3.

[252] Vgl. Engler, Gerhard/Elbert, Dirk (2015), in: Vögele (2015), Verrechnungspreise, Kapitel F, Rn. 414 f.;Vollert, P./Eikel, C./Sureth, C. (2013), S. 374.

[253] Vgl. Bundesministerium der Finanzen (2006), S. 22 f., Rn. 6.3.

[254] Vgl. Jacobs, O./Endres, D./Spengel, C. (2016), S. 884.

[255] Vgl. Engler, Gerhard/Elbert, Dirk (2015), in: Vögele (2015), Verrechnungspreise, Kapitel F, Rn. 424.

4.2 Risikoberücksichtigung im Rahmen der Verrechnungspreisbestimmung

Sowohl in den deutschen Verrechnungspreisregelungen[256] als auch den OECD-Verrechnungspreisrichtlinien[257] findet sich u. a. der Aufruf, unterschiedliche Risikostrukturen bei der Bestimmung und Beurteilung von Verrechnungspreisen zu berücksichtigen. Folglich sind Anpassungsrechnungen im Falle mangelnder Vergleichbarkeit notwendig, um eine adäquat vergleichbare Grundlage zur Bestimmung fremdvergleichskonformer Verrechnungspreise gewährleisten zu können. Die häufig in der Praxis eingesetzten Benchmark-Analysen werden der geforderten Vergleichbarkeit in aller Regel nicht gerecht, weshalb es möglich wäre, dass diese in Zukunft lediglich für einfache Routinegesellschaften anwendbar bleiben.[258] Dabei ist zu kritisieren, dass die Vorgaben der Finanzverwaltung und der OECD weiterhin unzureichend sind, um von einer konkreten Handlungsanleitung in Bezug auf die Berücksichtigung von Risiko sprechen zu können. Dennoch sind Vergleichbarkeitsanpassungen in Betracht zu ziehen, sofern diese die Verlässlichkeit der Ergebnisse erhöhen.[259] Somit fordert die OECD regelrecht dazu auf, die Verlässlichkeit der Ergebnisse über Anpassungsrechnungen zu erhöhen. Bspw. ist Unternehmen A als Vertriebsunternehmen in einer hoch spezialisierten Branche tätig und trägt dabei nur ein geringes Risiko, während Unternehmen B in derselben Branche tätig ist, dabei jedoch vollumfänglich den Wertschöpfungsprozess übernimmt. Anzunehmen ist, dass die Nettogewinnmargen von A weniger stark schwanken als die Nettogewinnmargen von B. Zurückführen lässt sich diese Annahme auf das unterschiedliche Risikoprofil der beiden Unternehmen. Dieser Unterschied in der Risikoübernahme sollte grundsätzlich in der Verrechnungspreisbildung Berücksichtigung finden, um eine erhöhte Vergleichbarkeit der beiden Unternehmen zu erreichen. Der Begriff „Risiko" lässt sich u. a.[260] definieren als die Schwankung eines in der Zukunft liegenden, mit bestimmter Wahrscheinlichkeit eintretenden Kennzahlenwertes um einen ursprünglich geplanten Kennzahlen-

---

[256] Vgl. Bundesministerium der Finanzen (2005), S. 48 f., Rn. 3.4.12.7.

[257] Vgl. OECD (2018), S. 175-177, Rn. 3.47-3.54.

[258] Vgl. Bernhardt, L./Renz, M. (2017), S. 51 f.

[259] Vgl. OECD (2018), S. 176, Rn. 3.50.

[260] Weder in der Literatur noch in der Unternehmenspraxis hat sich eine allgemein anerkannte Definition herausgebildet. Vielmehr herrscht eine Diskussion um den Risikobegriff, vgl. Kupsch, P. (1973), S. 28; Karten, W. (1993), S. 3827, 3829; Selch, B. (2000), S. 362; Institut der Wirtschaftsprüfer (2017), S. 6.

wert, wobei die Möglichkeit der Schwankung um den ursprünglich geplanten Wert als Risiko zu verstehen ist.[261] Zudem von bedeutender Rolle für die Risikotheorie ist das von *Harry Markowitz* geprägte Konzept der Risikoaversion entsprechend der Portfoliotheorie.[262] Nach diesem Konzept bevorzugt ein Marktteilnehmer stets die Alternative, die mit dem geringsten Risiko im Vergleich zu anderen Alternativen zum gleichen erwarteten Ergebnis führt.[263] Auf das vorstehende Beispiel bezogen bedeutet dies, dass das höhere Risiko von Unternehmen B über ein höheres zu erwartendes Ergebnis ausgeglichen werden müsste, um indifferent zwischen den Unternehmen A und B zu sein. Wäre dies nicht über einen adäquaten Risikozuschlag, welcher sich auf die Nettogewinnmarge von B auswirkt, möglich, so wäre es erstrebenswert, wie Unternehmen A zu agieren. Im Folgenden wird auf eine mögliche Risikoanpassungsrechnung nach *Yves Hervé*, *Abraham Ackerman* und *Oliver Stock* eingegangen. Diese Anpassungsrechnung zielt darauf ab, die mittels einer Benchmark-Analyse ermittelten Profitabilitätskennzahlen in risikoadäquate Profitabilitätskennzahlen umzurechnen, um die Verlässlichkeit der Ergebnisse zu erhöhen.[264] Zur Herleitung eines Risikoanpassungsfaktors wird sich zunächst dem Discounted-Cash-Flow-Verfahren bedient.[265] Der Barwert eines Unternehmens lässt sich hiernach wie folgt darstellen:[266]

$$\text{Barwert} = \frac{E(EBIT)}{DF} = \frac{E(OM \times U)}{DF}.$$

Unter der Annahme, dass ein risikoaverser Investor nur im Falle eines konstanten Barwertes bereit ist, auf Risiken in seinem Geschäftsmodell zu verzichten und dabei die Umsatzerwartung als gleichbleibend betrachtet wird, ergibt sich folgende Gleichung:[267]

$$\text{Barwert vor Risikoänderung} = \frac{E(OM \times U)}{DF} = \frac{E(OM_{adj} \times U)}{DF_{adj}} = \text{Barwert nach Risikoänderung}.$$

---

[261] Vgl. Diederichs, M. (2017), S. 8.

[262] Vgl. Markowitz, H. (1952), S. 77-91.

[263] Vgl. Hervé, Y./Ackerman, A./Stock, O. (2013), S. 620.

[264] Vgl. Hervé, Y./Ackerman, A./Stock, O. (2013), S. 620.

[265] Vgl. Hervé, Y./Ackerman, A./Stock, O. (2013), S. 621.

[266] Vgl. Hervé, Y./Ackerman, A./Stock, O. (2013), S. 621.

[267] Gleichung wurde hier allgemeiner formuliert, um den Zusammenhang der Größen besser darzustellen, vgl. Hervé, Y./Ackerman, A./Stock, O. (2013), S. 621.

Durch Auflösen dieses Ausdrucks nach $E(OM_{adj})$ ergibt sich:[268]

$$E(OM_{adj}) = E(OM) \times \frac{DF_{adj}}{DF}.$$

Resultierend aus dieser Gleichung lässt sich die erwartete adjustierte Nettogewinnmarge aus dem Verhältnis des adjustierten Diskontfaktors zum Diskontfaktor vor der Anpassung in Multiplikation mit der ursprünglich erwarteten Nettogewinnmarge herleiten. Das Verhältnis der Diskontfaktoren ist als Risikoanpassungsfaktor zu betiteln und ermöglicht unter vereinfachenden Annahmen, diesen mittels einer Datenbankrecherche für eine Gruppe von Vergleichsunternehmen einheitlich zu berechnen, um die Interquartilsbandbreite der identifizierten Profitabilitätskennzahlen einheitlich in eine risikoadjustierte Interquartilsbandbreite umzurechnen.[269] Weitere Überlegungen, wie die mögliche Entwicklung des Diskontfaktors, lassen eine tendenzielle Prognose der Veränderung der Nettogewinnmarge in Folge auf veränderte Risikobedingungen zu. So ergibt sich die Überlegung, dass im Falle von niedrigerem Risiko der Unternehmenswert, aufgrund der abnehmenden Renditeerwartung und dem folglich geringeren Diskontfaktor schrumpfen müsste, sofern alle sonstigen Erwartungen[270] unverändert bleiben.[271] Entsprechend dieser beispielhaften Anpassungsrechnung ist die Komplexität dieser Rechnungen, insbesondere der zur Anwendung kommenden Ansätze, als Nachteil festzustellen. Einerseits wird deutlich, dass sich die Verlässlichkeit der Ergebnisse erhöht, andererseits ist auf die ursprüngliche Problematik der Datenbeschaffung zu verweisen. Insbesondere die Ermittlung eines angemessenen Diskontfaktors sollte sich m. E. als problematisch erweisen. Selbst mit etablierten Modellen wie dem Capital Asset Pricing Modell[272] werden Verzerrungen[273] zugelassen, welche grundsätzlich das Korrekturrisiko für den Steuerpflichtigen

---

[268] Vgl. Hervé, Y./Ackerman, A./Stock, O. (2013), S. 621.

[269] Vgl. Hervé, Y./Ackerman, A./Stock, O. (2013), S. 621.

[270] Bspw. muss der erwartete Umsatz unverändert bleiben.

[271] Diese Überlegung kann ebenso in die entgegengesetzte Richtung, also mit gestiegenem Risiko, angestellt werden. In diesem Fall steigt der Unternehmenswert in Folge der gestiegenen Renditeerwartung und dem damit verbundenen Anstieg des Diskontfaktors.

[272] Vgl. Sharpe, W. F. (1964), S. 425-442.

[273] Als nachteilig sind in diesem Zusammenhang u. a. die Modellannahmen zu betrachten, welche nicht vollumfänglich der Realität entsprechen sowie die Tatsache, dass die Parameter i. d. R. nicht exakt bestimmt werden können, da diese auf Vergangenheitsdaten beruhen, vgl. zu den Problembereichen Hachmeister, D. (2000), S. 190-195.

erhöhen können. Letztlich bleibt in diesem Zusammenhang der Appell an eine genauere Gesetzgebung und ausführlichere Richtlinien bestehen.

4.3 Lineare Regressionsanalyse zur Bestimmung der Zinsen für eine interne Unternehmensfinanzierung mittels der Preisvergleichsmethode

Um die Preisvergleichsmethode anwenden zu können, müssen hohe Anforderungen in Bezug auf die Vergleichbarkeit von konzerninternen Transaktionen erfüllt sein. Dies führt wiederum zu unvermeidbaren praktischen Schwierigkeiten bei der Anwendung dieser Methode.[274] Ein lineares multiples Regressionsmodell soll es ermöglichen, den durchschnittlichen linearen Zusammenhang zwischen einer statistischen Variablen in Abhängigkeit von anderen Variablen darzustellen.[275] In allen Fällen, bei denen ein kausaler linearer Zusammenhang zwischen den Variablen besteht, können Regressionen dabei helfen, Preise zu bestimmen bzw. zu überprüfen, ob die entsprechenden Preise fremdvergleichsüblich sind.[276] Bisher existieren hierzu nur wenige theoretische Abhandlungen mit dem Fokus auf die Anwendung statistischer Methoden im Rahmen der Preisvergleichsmethode.[277] Das folgende Beispiel soll dazu dienen, anhand der fiktiven Anwendung eines linearen multiplen Regressionsmodells zu überprüfen, ob die Zinsen für eine interne Unternehmensfinanzierung als fremdvergleichsüblich anzusehen sind bzw. eine individuelle fremdvergleichskonforme Bestimmung der Zinsen ermöglichen.

Beispiel 2: Bestimmung der Zinsen für eine interne Unternehmensfinanzierung mittels einer linearen Regressionsanalyse[278]

Bei der Annahme, dass der Zinssatz für eine grenzüberschreitende, zwischen verbundenen Unternehmen abgeschlossene Unternehmensfinanzierung auf Fremdvergleichsüblichkeit überprüft werden soll bzw. ein fremdvergleichsüblicher Zinssatz bestimmt werden soll ist Folgendes zu beachten: In einem ersten Schritt müssen die relevanten Einflussfaktoren für die Aufstellung einer Regressionsglei-

---

[274] Vgl. hierzu Unterabschnitt 3.2.1, S. 14-16.

[275] Vgl. Schira, J. (2012), S. 123.

[276] Vgl. Vögele, A./Braukmann, T., in Vögele (2015), Verrechnungspreise, Kapitel G, Rn. 77.

[277] Vgl. Deloitte (2015), ohne S.

[278] In Anlehnung an Vögele, A./Braukmann, T., in Vögele (2015), Verrechnungspreise, Kapitel G, Rn. 77-80.

chung ermittelt werden. Im Rahmen dieses Beispiels wird davon ausgegangen, dass der Zinssatz (Y_i) von einem risikolosen Zinssatz (a), der Vertragslaufzeit (b_1), der Höhe des Wertes der vertraglich als Sicherungsgegenstände festgeschriebenen Sachanlagen (b_2) sowie der Umsatzhöhe (b_3) des Kapitalnehmers abhängig ist. Außerdem hat das Land (b_4), in dem die vertragsnehmende, verbundene Gesellschaft ansässig ist, Auswirkungen auf die Höhe der Zinsen. Als Länder, mit denen die deutsche Muttergesellschaft einen solchen Vertrag schließen kann, kommen Griechenland oder Frankreich in Betracht. Die daraus abzuleitende Funktion lässt sich schreiben als:

$$Y_i = a + b_1 x_{1,i} + b_2 x_{2,i} + b_3 x_{3,i} + b_4 x_{4,i} + u_i$$

Insgesamt wurden 500 verschiedene solcher Verträge erfasst. Alle nötigen Informationen für die Variablen X_1, X_2, X_3 und X_4 sind vorhanden. Die Variable X_4 ist eine sog. Dummy-Variable[279], wobei diese den Wert 1 im Falle eines Vertrags zwischen Deutschland und Griechenland oder den Wert 0 für eine Konstellation zwischen Deutschland und Frankreich annimmt. Die Laufzeit X_1 wird in Jahren angegeben. Die Höhe des Wertes der zur Sicherung festgeschriebenen Sachanlagen X_2 wird in TEURO und die Umsatzhöhe X_3 wird in Mio. Euro angegeben. Wird mittels der Daten eine Regression durchgeführt, wobei die Regressionskoeffizienten mittels der Methode der kleinsten Quadrate[280] geschätzt werden sollten, so wären bspw. folgende Ergebnisse vorstellbar:

---

[279] Eine Dummy-Variable ist eine Variable, welche nur den Wert 0 oder 1 annehmen kann, vgl. Fahrmeier, L./Kneib, T./ Lang, S. (2009), S. 81.

[280] Nach Aussage des Gauß-Makow-Theorems werden die mittels der Methode der kleinsten-Quadrate ermittelten Schätzer als BLUE (= best linear unbiased estimator) bezeichnet, weshalb diese Methode angewendet werden sollte, vgl. Dreger, C./Kosfeld, R./Eckey, H.-F. (2014), S. 41.

SUMMARY OUTPUT			
Regression Statistics			
RSquared	0,8		
Observations	500		

	Koeffizienten	Standardfehler	t-Wert
risikoloser Zinssatz	3,0012	0,82	3,66
Laufzeit	0,3101	0,0289	10,73
Sicherungsgegenstände	-0,5867	0,0318	-18,45
Umsatz	-2,2791	0,4798	-4,75
Land	2,4401	0,036	67,78

Tabelle 2: Regressions-Output[281]

Die Gleichung mit den geschätzten Regressionskoeffizienten würde sich folgendermaßen darstellen lassen:

$$\hat{Y}_i = 3{,}0012 + 0{,}3101x_{1,i} - 0{,}5867x_{2,i} - 2{,}2791 + 2{,}4401x_{4,i}$$

Zunächst sollten die Auswirkungen der einzelnen Koeffizienten auf den Zinssatz bzgl. ihrer Plausibilität überprüft werden. Der risikolose Zinssatz wird hier im Mittel bei 3,0012 % angenommen und stellt die Höhe des geschätzten Zinssatzes $\hat{Y}_i$ dar, sofern alle anderen Variablen den Wert 0 haben. Sowohl die Laufzeit als auch der Fall eines geschlossenen Vertrags mit Griechenland bewirken einen Anstieg des Zinssatzes. Dies erscheint plausibel, denn steigt die Laufzeit einer Kapitalüberlassung, so ist ein Zinsanstieg einerseits begründet durch die daraus entstehenden Opportunitätskosten und andererseits durch die Tatsache, dass eine zeitlich längere Mittelüberlassung zu einem höheren inflationsbedingten Verlust führt. In diesem Beispiel würde ein Anstieg der Laufzeit um ein Jahr einen durchschnittlichen Anstieg des Zinssatzes um 0,3101 % bedeuten, sofern alle anderen Rahmenbedingungen unverändert bleiben (ceteris Paribus). Ein Zinsanstieg durch einen Vertragsabschluss mit Griechenland im Vergleich zu einem Vertragsabschluss mit Frankreich lässt sich u. a. folgendermaßen herleiten: Unter Beachtung der Entwicklung der Erwerbslosigkeit hat sich Griechenland im Vergleich zu Frankreich im Zeitraum von 2009 bis 2017 deutlich schlechter entwickelt als

---

[281] Der hier dargestellte Regressions-Output ist fiktiv und nicht basierend auf einer mit realen Daten durchgeführten Regression. Der fiktive Regressions-Output dient der Interpretation der Ergebnisse und zur Erläuterung möglicher Schwachstellen des Modells. Zudem wird unterstellt, dass die Koeffizienten mittels der Methode der kleinsten-Quadrate geschätzt wurden.

Frankreich.[282] Derart negative makroökonomische Entwicklungen finden durch das damit verbundene höhere Risiko in Form von einem höheren Zinssatz Berücksichtigung. Wird ein Vertrag über eine interne Unternehmensfinanzierung mit Griechenland geschlossen, so steigt der Zinssatz im Durchschnitt um 2,4401 % an, wenn die ceteris paribus Bedingung eingehalten wird. Steigen die Sicherungsgegenstände um TEURO bzw. der Umsatz um eine Millionen Euro (entspricht jeweils einem Anstieg um eine Einheit), so sinkt der durchschnittliche Zinssatz um den entsprechenden Koeffizienten unter Einhaltung der ceteris paribus Bedingung. Ableiten lässt sich dieser negative Zusammenhang aus dem sinkenden Ausfallrisiko, welches aus dem Anstieg des Wertes der Sicherungsgegenstände bzw. dem steigenden Umsatz resultiert. Alle in *Tabelle 2* ausgegebenen Koeffizienten üben einen statistisch signifikanten Einfluss zum 1 %igen Signifikanzniveau auf die Zinsrate aus ($|$ *t-Wert* $|$ >2.333905) [283]. Außerdem weist der Regressions-Output einen Determinationskoeffizient (RSquared) i. H. v. 0,8 auf. Ein RSquared i. H. v. 0,8 bedeutet, dass 80 % der Variation des Zinssatzes durch die Regression erklärt werden kann, was grundsätzlich als guter Wert zu qualifizieren ist.[284] Über einen zweiseitigen t-Test lässt sich der Verdacht bestätigen, dass es für die Höhe des Zinssatzes einen Unterschied macht, ob eine deutsche Firma mit einer französischen oder einer griechischen Firma einen Vertrag zur Unternehmensfinanzierung schließt. Dementsprechend lassen sich Rückschlüsse auf die Fremdvergleichsüblichkeit des Zinssatzes schließen. Es geht daraus eine statistisch auswertbare Erklärung für den Unterschied des Zinssatzes hervor. Ein Unterschied im Rahmen der Preisvergleichsmethode muss nicht zwangsläufig in einer fremdvergleichsunüblichen Marge resultieren. Vielmehr sollte darauf geachtet werden, solche erkennbaren Differenzen in einer Betriebsprüfung plausibel mit Hilfe von qualitativen Anpassungsrechnungen erläutern zu können. Zudem ermöglicht dieses Modell die Quantifizierung der Einflüsse weiterer Variablen, so dass eine objektive Bewertung dieser erfolgen kann.[285] Hinzukommend eröffnet sich mittels der berechneten Koeffizienten die Möglichkeit, einen durchschnittlich zu erwartenden Zinssatz unter der Berücksichtigung der im Modell verarbeiteten

---

[282] Vgl. Eurostat (2018), S. 5.

[283] Berechnung des t-Quantils erfolgte über die Statistiksoftware „R-Statistik", vgl. Anlage B, S. 44.

[284] Vgl. Sauer, S. (2019), S. 326.

[285] Vgl. Vögele, A./Braukmann, T., in Vögele (2015), Verrechnungspreise, Kapitel G, Rn. 80.

Variablen zu bestimmen. Im Ergebnis kann sich die Anwendung einer Regressionsanalyse als durchaus hilfreich bei der Überprüfung und Bewertung von fremdvergleichskonformen, nicht trivial bewertbaren Transaktionen erweisen.[286] Kritisch sollte solchen Regressionsanalysen dennoch gegenübergestanden werden. Bspw. ist es als problematisch anzusehen, falls in den Daten, die in die Schätzung einfließen, solche Zinssätze enthalten sind, die nicht fremdvergleichsüblich sind. Daraus könnten sich Verzerrungen ergeben, die sich auf die Genauigkeit des Ergebnisses negativ auswirken würden. Daher wäre es angebracht, die Daten vor der Verarbeitung auf Ausreißer zu prüfen bzw. wäre es wünschenswert, wenn die Finanzverwaltung dem Steuerpflichtigen den Zugang zu entsprechenden Daten ermöglichen würde. Dies hätte den Vorteil, dass die Daten stark restriktiv auf die einzelne Transaktion zugeschnitten wären und somit die Ergebnisse eher in einem fremdvergleichsüblichen Intervall liegen würden. Dadurch hätte sowohl die Finanzverwaltung, als auch der Steuerpflichtige einen identischen Vergleichsmaßstab. Demgegenüber steht, dass ein solcher Zugang zu den Daten mit enormen Verwaltungskosten verbunden ist, was einen solchen Modelleinsatz wiederum in Frage stellt. Zudem ist es essentiell, dass die allgemeinen Annahmen für eine Schätzung mittels der Methode der kleinsten Quadrate erfüllt sind, um verwertbare Ergebnisse erzielen zu können.[287] Begründet durch die hohe Transparenz an den Finanzmärkten in Bezug auf Kapitalmarktdaten, scheint die Beschaffung entsprechender Informationen von einschlägigen Datenanbietern bereits heute nicht unmöglich zu sein.[288] Schlussfolgernd findet sich m. E. bei diesem Vorgehen Potential, den Anwendungsbereich der Preisvergleichsmethode in Zukunft auszuweiten und somit verstärkt ungewollten Gewinnverlagerungen entgegen zu wirken.

---

[286] Vgl. Aufzählung von beispielhaften Fällen in denen eine lineare Regression sinnvoll erscheint Vögele, A./Braukmann, T., in Vögele (2015), Verrechnungspreise, Kapitel G, Rn. 77.

[287] Vögele, A./Braukmann, T., in Vögele (2015), Verrechnungspreise, Kapitel G, Rn. 79.

[288] Vgl. Schwerdt, D. (2016), S. 171.

5 Zusammenfassung und Ausblick

Ausgangspunkt dieser Arbeit war die Fragestellung, welchen Einfluss die aktuellen OECD-Verrechnungspreismethoden auf ungewollte Verlagerungen des Steuersubstrats haben. Zudem war fraglich, welche Möglichkeiten sich einem Steuerpflichtigen anbieten, um seine Rechtssicherheit bzgl. der Verrechnungspreisbestimmung zu erhöhen. Auf Basis einer eingehenden Literaturrecherche wurden zunächst die Begriffe des betriebswirtschaftlichen und des steuerlichen Verrechnungspreises aufgrund der u. a. konkurrierenden Zielsetzungen in Kapitel 2 abgegrenzt. Außerdem wurden in diesem Zusammenhang die Risiken im Falle unangemessener Verrechnungspreise für einen Steuerpflichtigen dargestellt und analysiert. Darauf aufbauend ergab sich, dass die Verwendung von ein und demselben Verrechnungspreis, aufgrund vorherrschender Zielkonflikte zwischen den verschiedenen Perspektiven, nicht als empfehlenswert anzusehen ist. Dies resultierte daraus, dass die steuerlichen Verrechnungspreisregelungen die freie Wahl von internen Verrechnungspreisen beeinflussen und es somit zu Fehlsteuerungen bzgl. konzerninterner Entscheidungen kommen kann. Nach dieser Abgrenzung wurden im Kontext steuerlicher Verrechnungspreise die OECD-Verrechnungspreismethoden in Kapitel 3 näher betrachtet. Neben der Funktionsweise und des Anwendungsbereichs wurden insbesondere praktische Schwächen aufgezeigt und kritisiert. Erkenntlich wurde, dass weder die OECD-Verrechnungspreisleitlinien, noch die aktuelle Gesetzeslage an die im Zeitalter der Digitalisierung auffindbare Komplexität ausreichend angepasst sind. Insbesondere in Fällen, bei denen ein hohes Maß an immateriellen Leistungen in den Wertschöpfungsprozess mit einfließt, sind zahlreiche Fragen zur angemessenen Verrechnungspreisbestimmung weiterhin ungeklärt. Abschließend zur Methodenwahl wurde die „Rangfolge" der Methoden in Deutschland in Abschnitt 3.4 mit dem Ergebnis betrachtet, dass lediglich ein Stufenverhältnis basierend auf dem Umfang der zur Verfügung stehenden Daten ableitbar ist. Schließlich ergab sich zwar, dass es Tendenzen gibt für die Frage welche Methode für welchen Sachverhalt am besten geeignet ist. Dennoch gibt es hierauf keine allgemeingültige Antwort, sodass diese Entscheidung auch in Zukunft an einer Einzelfallbetrachtung festhalten muss. Im Vordergrund von Kapitel 4 wurde untersucht, ob es möglich ist, die Rechtssicherheit eines Steuerpflichtigen mittels einerseits eines vertragsbasierenden Ansatzes und andererseits mittels verschiedener Ansätze zur Verbesserung der Qualität von Vergleichswerten zu erhöhen. In diesem Zusammenhang ergab sich, dass diese Ansätze durchaus die Option der verbesserten Rechtssicherheit eröffnen können, doch dabei ist ebenfalls auf eine konkrete Einzelfallbetrachtung zu verweisen. Letztlich kann diesen Ansätzen keine allgemeingültige Empfehlung zugesprochen werden. Besonders in Abschnitt 4.2 und 4.3 wurden die Potenzialitäten in Zeiten der voranschreitenden Datenanalyse deutlich. Basierend darauf ist zukünftig eine Ausweitung des Anwendungsbereichs der Preisvergleichsmethode sowie der anderen Standardmethoden durch Schätzverfahren möglich. Ebenso sind durch gut gepflegte Datenbanken Anpassungsrechnungen, wie in Abschnitt 4.2 dargestellt, weiterhin bedeutend, um die Qualität der Ergebnisse zu erhöhen und damit die Gefahr einer Verrechnungspreiskorrektur zu verringern. Damit die OECD in Zukunft ihrem Ziel näher kommt, eine globale Lösung zur Besteuerung der Gewinne aus grenzüberschreitenden Aktivitäten der digitalen Wirtschaft zu erarbeiten, wird sich die Organisation einer weitgehenden Überarbeitung der bestehenden Verrechnungspreisgrundsätze nicht entziehen können.[289] Geschuldet von Globalisierung und Digitalisierung sowie der damit einhergehenden gestiegenen Relevanz der steuerlichen Verrechnungspreise[290] ist zu erwarten, dass die OECD-Verrechnungspreismethoden auch in Zukunft eine zentrale Stellung im Alltag von multinationalen Unternehmen einnehmen werden. Besonders zu erwarten ist eine konkretisierte Überarbeitung der Leitlinien im Umgang mit digitalen Leistungen und eine entsprechende Anpassung der nationalen Steuergesetze. Schließlich bleibt auch zukünftig eine länderübergreifende Zusammenarbeit der Steuerverwaltungen im Bereich der Verrechnungspreise wünschenswert.

---

[289] Vgl. Esakova, N (2019), S. 150, 156.

[290] Vgl. Eberenz, R./Müller, H./Schröder, M./Palmer, D./Ditz, X./Bärsch, S.-E./Kluge, S. (2018), S. 2; Ernst & Young (2017), Survey Highlights, ohne S.; Rieke, S. (2015), S. 1; Hummel, K. (2010), S. 17; Kurzewitz, C. (2009), S. 1.

Anhang

Anlage A: Tabellen, Berechnungen und grafische Darstellung der monetären Konsequenzen im Falle unangemessener Verrechnungspreise

IST Gewinn- und Verlustrechnung	DE AG	U Kft.	Konzern
Umsatzerlöse	400	600	600
− Herstellungskosten	− 375	− 400	− 375
= Bruttomarge	25	200	225
Bruttomarge in %	6,25 %	33,33 %	37,5 %
− Betriebsausgaben		− 50	− 50
= EBIT	25	150	175
EBIT in %	6,25 %	25 %	29,17 %
− Steuern (DE = 29,83 %; U = 10,82 %)	− 7,46	− 16,23	− 23,69
= Jahresüberschuss	17,54	133,77	151,31
Nachsteuerrendite in %			25,22 %

Anlage A1: Tabelle 3: IST Gewinn- und Verlustrechnung vor Verrechnungspreiskorrektur[291]

---

[291] Alle Angaben in Tabelle 1 und Tabelle 2 sind in Euro angegeben und auf zwei Nachkommastellen gerundet. Auf Währungsunterschiede und die damit einhergehenden Wechselkursrisiken wird aus Vereinfachungsgründen verzichtet.

SOLL Gewinn- und Verlustrechnung	DE AG	U Kft.	Konzern
Umsatzerlöse	500	600	600
− Herstellungskosten	− 375	− 500	− 375
= Bruttomarge	125	100	225
Bruttomarge in %	25 %	16,67 %	37,5 %
− Betriebsausgaben		− 50	− 50
= EBIT	125	50	175
EBIT in %	25 %	8,33 %	29,17 %
− Steuern (DE = 29,83 %; U = 10,82 %)	− 37,29	− 5,41	− 42,7
= Jahresüberschuss	87,71	44,59	132,3
Nachsteuerrendite in %			22,05 %

Anlage A2: Tabelle 4: SOLL Gewinn- und Verlustrechnung nach Verrechnungspreiskorrektur

Anlage A3: Berechnung der steuerlichen Auswirkungen je Stück:

$$\text{Mehrsteuern}_z \text{ (bzw. Rückerstattungspotential}_z) = \left| (\text{EBIT}_{\text{SOLL};z} - \text{EBIT}_{\text{IST};z}) \times t_y \right|$$

Zu unterscheiden ist zwischen folgenden drei Fällen:

1. $\text{EBIT}_{\text{SOLL};z} = \text{EBIT}_{\text{IST};z}$ (Anpassung hat keine Auswirkung auf die Steuerlast.)

2. $\text{EBIT}_{\text{SOLL};z} > \text{EBIT}_{\text{IST};z}$ (Es sind Mehrsteuern zu zahlen.)

3. $\text{EBIT}_{\text{SOLL};z} < \text{EBIT}_{\text{IST};z}$ (Es existiert ein Rückerstattungspotential.)

$$\text{Mehrsteuern}_{\text{DE AG}} = \left| (125 - 25) \times 29,83 \% \right| = \underline{29,83 \text{ € je Stück}}$$

$$\text{Rückerstattungspotential}_{\text{U Kft.}} = \left| (50 - 150) \times 10,82 \% \right| = \underline{10,82 \text{ € je Stück}}$$

$$\text{Konzernwirkung} = \text{Mehrsteuern}_{\text{DE AG}} - \text{Rückerstattungspotential}_{\text{U Kft.}}$$

$$\text{Konzernwirkung} = 29,83 - 10,82 = \underline{19,01 \text{ € je Stück}}$$

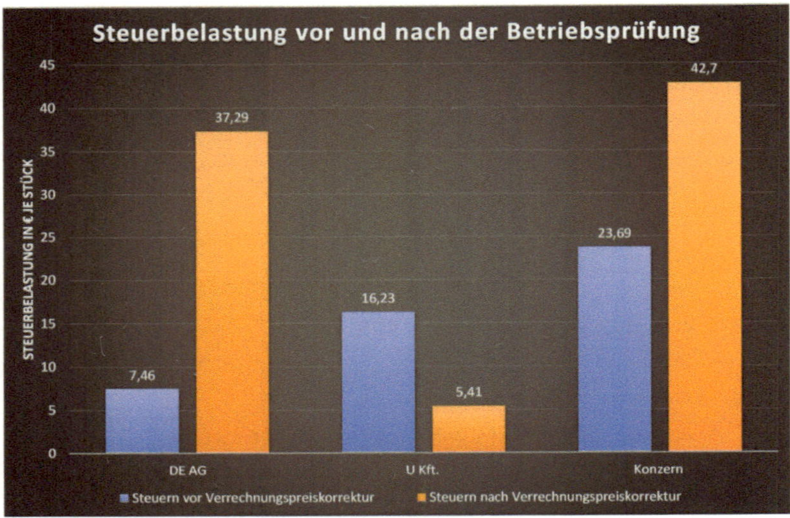

Anlage A4: Abbildung 6: Steuerbelastung vor und nach der Betriebsprüfung:

Anlage B: Ermittlung des Quantils der t-Verteilung in der Statistiksoftware R

```
> qt(0.99,495)
[1] 2.333905
```

Literaturverzeichnis

a) Monographien/Dissertationen

Behringer, Stefan (2018): Konzerncontrolling, 3. Auflage, Berlin, Heidelberg.

Brähler, Gernot (2014): Internationales Steuerrecht, 8. Auflage, Wiesbaden.

Coenenberg, Adolf G./Fischer, Thomas M./Günther, Thomas (2012): Kostenrechnung und Kostenanalyse, 8. Auflage, Stuttgart.

Diederichs, Marc (2017): Risikomanagement und Risikocontrolling, 4. Auflage, München.

Dreger, Christian/Kosfeld, Reinhold/Eckey, Hans-Ulrich (2014): Ökonometrie. Grundlagen – Methoden – Beispiele, 5. Auflage, Wiesbaden.

Ewert, Ralf/Wagenhofer, Alfred (2014): Interne Unternehmensrechnung, 8. Auflage, Berlin, Heidelberg.

Fahrmeier, Ludwig/Kneib, Thomas/Lang, Stefan (2009): Regression. Modelle, Methoden und Anwendung, 2. Auflage, Heidelbert et al.

Fischer, Thomas M./Möller, Klaus/Schultze, Wolfgang (2015): Controlling. Grundlagen, Instrumente und Entwicklungsperspektiven, 2. Auflage, Stuttgart.

Grashoff, Dietrich (2018): Grundzüge des Steuerrechts. Alle wichtigen Steuerarten, Internationales Steuerrecht, Verfahrensrecht, 14. Auflagen, München.

Gschwend, Walter (1986): Die Zielproblematik des Verrechnungspreises. Eine kritische Analyse der verschiedenen Verrechnungspreisfunktionen, Diss. St. Gallen 1986, St. Gallen.

Hachmeister, Dirk (2000): Der Discounted Cash Flow als Maß der Unternehmenswertsteigerung, Diss. München 1994, 4. Aufl., Frankfurt am Main et al.

Hanken, Jörg/Kleinhietpaß, Guido (2014): Verrechnungspreise im Spannungsfeld von Controlling und Steuern, Freiburg, München.

Horváth, Péter/Gleich, Ronald/Seiter, Mischa (2015): Controlling, 13. Auflage, München.

Hummel, Katrin (2010): Gestaltungsparameter und Einflussfaktoren von Verrechnungspreissystemen, Diss. Stuttgart 2010, Baden-Baden.

Klein, Werner/Nohl, Friedhelm/Zschiegner, Hans/Klein, Klaus-Günter (1983): Konzernrechnungslegung und Konzernverrechnungspreise, Stuttgart.

Kuckhoff, Harald/Schreiber, Rolf (1997): Verrechnungspreise in der Betriebsprüfung, München.

Kupsch, Peter (1973): Das Risiko im Entscheidungsprozeß, Wiesbaden.

Kurzewitz, Christina (2009): Wahl der geeigneten Verrechnungspreismethode zur Verringerung von Doppelbesteuerungsproblemen, Diss. Hamburg 2008, Hamburg.

Küpper, Hans-Ulrich/Friedl, Gunther/Hofmann, Christian/Hofmann, Yvette/Pedell, Burkhard (2013): Controlling. Konzeption, Aufgaben, Instrumente, 6. Auflage, Stuttgart.

Martini, Jan Thomas (2007): Verrechnungspreise zur Koordination und Erfolgsermittlung, Diss. Bielefeld 2006, Wiesbaden.

Laux, Helmut/Gillenkirch, Robert M./Schenk-Mathes, Heike Y. (2018), Entscheidungstheorie, 10. Auflage, Berlin.

Ossadnik, Wolfgang (2009): Controlling, 4. Auflage, München.

Rieke, Sabrina (2015): Verrechnungspreise im Spannungsfeld zwischen Konzernsteuerung und internationalem Steuerrecht, Diss. Osnabrück 2013, Wiesbaden.

Scheuchzer; Marco (1994): Konzernbesteuerung in der europäischen Union, Diss. Göttingen 1993, in: Wacker, Wilhelm H. (Hrsg.): Steuerberatung – Betriebsprüfung – Unternehmensbesteuerung, Schriften zur betriebswirtschaftlichen Steuerlehre, Band 24, Bielefeld.

Schira, Josef (2012): Statistische Methoden der VWL und BWL. Theorie und Praxis, 4. Auflage, München.

Schmalenbach, Eugen (1963): Kostenrechnung und Preispolitik, 8. Auflage, Köln und Opladen.

Schmalenbach, Eugen (1947): Pretiale Wirtschaftslenkung, Band 1: Die optimale Geltungszahl, Bremen-Horn et al.

Schmidt, Lutz/Sigloch, Jochen/Henselmann, Klaus (2005): Internationale Steuerlehre. Steuerplanung bei grenzüberschreitenden Transaktionen, Wiesbaden.

Sauer, Sebastian (2019): Moderne Datenanalyse mit R. Daten einlesen, aufbereiten, visualisieren, modellieren und kommunizieren, Wiesbaden.

Wassermeyer, Franz/Baumhoff, Hubertus (2014): Verrechnungspreise international verbundener Unternehmen, Köln.

Weber, Jürgen/Schäffer, Utz (2016): Einführung in das Controlling, 15. Auflage, Stuttgart.

b) Beiträge in Sammelwerken/Festschriften

Clemens, Ralf (2008): Verrechnungspreise in internationalen Konzernen. Aufgabenstellungen für das Controlling, in: Funk, Wilfried/Rossmanith, Jonas (Hrsg.): Internationale Rechnungslegung und Internationales Controlling, Wiesbaden, S. 285-317.

Djanini, Christina (1999): Der Verrechnungspreis im Spannungsfeld zwischen betriebswirtschafltichen und steuerrechtlichen Anforderungen, in: Kutschker, Michael (Hrsg.): Perspektiven der Internationalen Wirtschaft, Wiesbaden, S. 244-267.

Funk, Wilfried/Rossmanith, Jonas (2017): Rechnungslegung und Controlling im Spannungsfeld der Globalisierung, in: Funk, Wilfried/Rossmanith, Jonas (Hrsg.): Internationale Rechnungslegung und Internationales Controlling, 3. Auflage, Wiesbaden, S. 3-122.

Kippenberg, Johannes (2015): Territorialitäts- und Ansässigkeitsprinzip, in (ohne Hrsg.): Doppelbesteuerung . Zum 75. Geburtstag von Franz Wassermeyer, München, S. 195-207.

Pfaff, Dieter/Hummel, Katrin (2014): Funktionen und Zielkonflikte der Verrechnungspreisgestaltung. Ergebnisse einer empirischen Erhebung in der Schweiz, in Dobler, Michael et al. (Hrsg.): Rechnungslegung, Prüfung und Unternehmensbewertung, Stuttgart, S. 587-604.

c) Beiträge in Kommentaren/Handbüchern

Bernhardt, Lorenz/Renz, Martin (2017): Grundlagen und Einführung, in: Bernhardt, Lorenz (Hrsg.): Verrechnungspreise, 2. Auflage, Stuttgart et al.

Dawid, Roman (2016): Überblick Verrechnungspreise, in: Dawid, Roman (Hrsg.): Verrechnungspreise. Grundlagen und Praxis, 2. Auflage, Wiesbaden.

Dawid, Roman/Hülshorst, Jörg/Mank, Katharina (2018): OECD-Verrechnungspreisleitlinien für multinationale Unternehmen und Steuerverwaltungen – Erläuterungen, Kapitel II Verrechnungspreismethoden, in: Kroppen, Heinz-Klaus/Rasch, Stephan (Hrsg.): Handbuch internationale Verrechnungspreise, 39. Lieferung 12.2018, Band 2, Köln.

Engler, Gerhard/Elbert, Dirk (2015): Kapitel F: Verfahren, in: Vögele, Alexander/Borstell, Thomas/Engler, Gerhard (Hrsg.): Verrechnungspreise. Betriebswirtschaft, Steuerrecht, 4. Auflage, München.

Hofacker, Matthias (2016): § 1 Berichtigung von Einkünften, in: Haase, Florian (Hrsg.): Außensteuergesetz Doppelbesteuerungsabkommen, 3. Auflage, Heidelberg et al.

Jacobs, Otto H./Endres, Dieter/Spengel, Christoph (2016): Fünfter Teil Erfolgs- und Vermögensabgrenzung, in: Endres, Dieter/Spengel, Christoph (Hrsg.): Internationale Unternehmensbesteuerung, 8. Auflage, München.

Karten, Walter (1993): Stichwort „Risk Management", in: Wittmann, Waldemar et al. (Hrsg.): Handwörterbuch der Betriebswirtschaft, Band 3, 5. Aufl., Stuttgart.

Nientimp, Axel (2017):§ 1 Berichtigung von Einkünften, in: Fuhrmann, Sven (Hrsg.): Außensteuergesetz Kommentar, 3. Auflage, Herne Westfalia.

Oestreicher, Andreas (2000): Konzern – Gewinnabgrenzung. Gewinnabgrenzung – Gewinnermittlung – Gewinnaufteilung, München.

Pohl, Carsten (2018): Gesetz über die Besteuerung bei Auslandsbeziehungen – Außensteuergesetz (AStG), in Heuermann, Bernd/Brandis, Peter (Hrsg.): EStG – KStG – GewStG – Kommentar, Band 5, Stand: Dezember 2018 (145. Ergänzungslieferung), München.

Rasch, Stephan/Ilgner, Dominik/Koch, Tanja (2016): Verrechnungspreismanagement in der Unternehmenspraxis, in: Becker, Wolfgang/Ulrich, Patrick (Hrsg.): Handbuch Controlling, Wiesbaden.

Renz, Martin (2018): § 16 Auslandsaktivitäten inländischer und Inlandsaktivitäten ausländischer AG/KGaA. D. Verrechnungspreise, in: Drinhausen, Florian/Eckstein, Hans-Martin (Hrsg.): Beck'sches Handbuch der AG. Gesellschaftsrecht – Steuerrecht – Börsengang, 3. Auflage, München.

Renz, Martin (2017): Verrechnungspreismethodik, in: Bernhardt, Lorenz (Hrsg.): Verrechnungspreise, 2. Auflage, Stuttgart et al.

Rupp, Thomas (2018): Internationale Gewinnabgrenzung, in: Dötsche, Ewald/Pung, Alexander/Möhlenbrock, Rolf (Hrsg.): Die Körperschaftsteuer. Kommentar zum Körperschaftsteuergesetz, Umwandlungssteuergesetz und zur internationalen Gewinnabgrenzung, Ordner 6, Stand: Juni 2018 (79. Ergänzungslieferung), Stuttgart.

Schwerdt, Daniel (2016): Verrechnungspreismethoden und ökonomische Analyse, in: Dawid, Roman (Hrsg.): Verrechnungspreise. Grundlagen und Praxis, 2. Auflage, Wiesbaden.

Vögele, Alexander/Raab, Jürgen (2015): Kapitel D: Methoden, in: Vögele, Alexander/Borstell, Thomas/Engler, Gerhard (Hrsg.): Verrechnungspreise. Betriebswirtschaft, Steuerrecht, 4. Auflage, München.

Vögele, Alexander/Vögele, Jean-Benoit (2015): Kapitel E: Dokumentation der Verrechnungspreise, in: Vögele, Alexander/Borstell, Thomas/Engler, Gerhard (Hrsg.): Verrechnungspreise. Betriebswirtschaft, Steuerrecht, 4. Auflage, München.

Vögele, Alexander/Witt, Wolf/Braukmann, Tom (2015): Kapitel G: Standardmethoden, in: Vögele, Alexander/Borstell, Thomas/Engler, Gerhard (Hrsg.): Verrechnungspreise. Betriebswirtschaft, Steuerrecht, 4. Auflage, München.

Wassermeyer, Franz/Baumhoff, Hubertus/Ditz, Xaver/Greinert, Markus/Hick, Christian/Liebchen, Daniel/Puls, Michael (2018): § 1 Berichtigung von Einkünften, in: Flick, Hans et. al (Hrsg.): Außensteuerrecht Kommentar, Band I, Stand: 01.10.2018, Köln.

Wellens, Ludger/Van der Ham, Susann (2017): Prozessorientiertes Verrechnungspreismanagement, in: Bernhardt, Lorenz (Hrsg.): Verrechnungspreise, 2. Auflage, Stuttgart et al.

Xaver, Ditz (2018): Entstrickung und Verstrickung von Wirtschaftsgütern, Vermögenswerten und Funktionsverlagerungen, in: Wassermeyer, Franz/Andresen, Ulf/Ditz, Xaver (Hrsg.): Betriebsstätten Handbuch, 2. Auflage, Köln.

d) Beiträge in Zeitschriften

Baumhoff, Hubertus/Ditz, Xaver/Greinert, Markus (2007): Auswirkungen des Unternehmensteuerreformgesetzes 2008 auf die Ermittlung internationaler Verrechnungspreise, in: Deutsches Steuerrecht, 45. Jg., S. 1461-1467.

Crüger, Arwed/Ritter, Lars (2004): Steuerung von Konzernverrechnungspreisen durch die Kostenaufschlagsmethode, in: Controlling, Jg. 16, S. 497-502.

Ditz, Xaver/Bärsch, Sven-Eric/Kluge, Sven/Eberenz, Ralf/Kreuzer, Martin/Müller, Horst (2015): Verrechnungspreise im Spannungsfeld zwischen betriebswirtschaftlicher Steuerung und steuerrechtlichen Anforderungen. Ergebnis einer empirischen Analyse, in: Der Betrieb, 70. Jg., Heft 45, S. 2592-2598.

Esakova, Nataliya (2019): OECD-Konsultationspapier zur Besteuerung der digitalen Wirtschaft: Steht eine weitgehende Überarbeitung der Verrechnungspreisgrundsätze an?, in: Internationale Steuer-Rundschau, 8. Jg., S 150-156.

Fiehler, Kati (2007): Vergütungsformen von funktions- und risikoarmen Vertriebsgesellschaften, in: Internationales Steuerrecht, ohne Jg., Heft 13, S. 464-471.

Grotherr, Siegfried (2005a): Überlegungen zur Ausgestaltung von speziellen Verfahrensregelungen für Advance Pricing Agreements, in: Internationales Steuerrecht, ohne Jg., Heft 10, S. 350-360.

Grotherr, Siegfried (2005b): Advance Pricing Agreements – Verfahren zur Vermeidung von Verrechnungspreiskonflikten. Plädoyer für die Schaffung spezieller Verfahrensvorschriften, in: Betriebs-Berater, 60. Jg., 855-867.

Hervé, Yves/Ackerman, Abraham/Stock, Oliver (2013): Berücksichtigung von Risiko bei der Bestimmung von Verrechnungspreisen, in Betriebs-Berater, 68. Jg. , S. 619-622.

Janssen, Helmut/Fest, Attila (2002): Unterschiede in der Rechtspraxis ungarischer Kft und deutscher GmbH, in: Recht der internationalen Wirtschaft, 48. Jg., S. 825-829.

Kahle, Holger (2007): Internationale Verrechnungspreise aus steuerlicher Sicht, in: Zeitschrift für Controlling und Management, 51. Jg., Issue 2, April 2007, S. 96-101.

Klein, Manfred (1995): Verdeckte Gewinnausschüttungen bei Lieferbeziehungen im internationalen Konzern, in: Betriebs-Berater, 50. Jg, S. 225-229.

Kroppen, Heinz-Klaus/Rasch, Stephan/Eigleshoven, Axel (2007): Die Behandlung der Funktionsverlagerung im Rahmen der Unternehmesteuerreform 2008 und der zu erwartenden Verwaltungsgrundsätze-Funktionsverlagerung, in: Internationales Steuer- und Wirtschaftsrecht, ohne Jg., S. 301-3300, Fach 3, Deutschland, Gruppe 1, S. 2201-2230.

Kurzewitz, Christina (2010): Aufgabe des strikten Anwendungsvorgangs der Standardmethoden zur Verrechnungspreisbestimmung? Diskussionsentwurf zur Änderung der OECD-Verrechnungspreisrichtlinien, in: Internationales Steuer- und Wirtschaftsrecht, ohne Jg., S. 95-106.

Kußmaul, Heinz/Müller, Florian (2013): Verrechnungspreismethoden zur Fremdvergleichspreisbestimmung, in: Der Steuerberater,64. Jg., S. 237-244.

Kußmaul, Heinz/Ruiner, Chrisoph (2012): Zur Umsetzung des OECD functionally separate entity approach in nationales Recht. Anmerkungen zu Art. 5 des Regierungsentwurfes eines Jahressteuergesetzes (JStG) 2013, in: Betriebs-Berater, 67. Jg., S. 2025-2029.

Kußmaul, Heinz/Ruiner, Christoph (2010): Die sog. Standardmethoden zur Ermittlung fremdvergleichskonformer Verrechnungspreise. Preisvergleichsmethode, Wiederverkaufspreismethode und Kostenaufschlagsmethode, in: Internationales Steuerrecht, ohne Jg., Heft 16, S. 605-611.

Looks, Christian/Köhler, Hanjo (2009): Hypothetischer Fremdvergleich und Funktionsverlagerungen: Mittelwert des Einigungsbereichs und spieltheoretische Verhandlungsmodelle, in: Steuerberater, ohne Jg., S. 317-325.

Markowitz, Harry (1952): Portfolio Selection, in: The Journal of Finance, S. 77-91.

Menck, Thomas (2007): Verrechnungspreise: Internationale Vorabverständigung (APA) und Schiedsverfahren – zu einer Veranstaltung der Bundesfinanzakademie am 28.11.2006, in: Finanz-Rundschau Ertragsteuerrecht, 89 Jg., Heft 06, S. 307-308.

Pfaff, Dieter/Steffani, Ulrike (2006): Verrechnungspreis in der Unternehmenspraxis: Eine Bestandsaufnahme zu Zwecken und Methoden, in: Zeitschrift für erfolgsorientierte Unternehmenssteuerung, 18. Jg., S. 517-524.

Schmalenbach, Eugen (1909): Über Verrechnungspreise, in: Zeitschrift für Handelswissenschaftliche Forschung, 3. Jg., S. 165-185.

Selch, Barbara (2000): Die Entwicklung der gesetzlichen Regelungen zum Lagebericht seit dem Aktiengesetz von 1965 bis zum KapCoRiLiG von 2000, in: Die Wirtschaftsprüfung, 53. Jg., Heft 8, S. 357-367.

Sharpe, William Forsyth (1964): Capital Asset Prices: A Theory of Market Equilibrium under Conditions of Risk, in: The Journal of Finance, S. 425-442.

Timmermans, Sandra (2005): Überblick über die aktuelle Verrechnungspreispraxis ausgewählter europäischer Länder - Frankreich, Großbritannien, Italien, Niederlande, Polen, Spanien – im Vergleich mit Deutschland und Folgerungen für die Dokumentationspraxis, in: Internationales Steuer- und Wirtschaftsrecht, ohne Jg., Fach 11, Gruppe 2, S. 713-720.

Vogel, Klaus (1997): Internationales Steuerrecht, in: Deutsche Steuer-Zeitung, 85. Jg., S. 269-281.

Vollert, Pia/Eikel, Carolin/Sureth, Caren (2013): Advance Pricing Agreements (APAs) als Instrument zur Vermeidung von Verrechnungspreiskonflikten – eine kritische Betrachtung, in: Steuer und Wirtschaft, S. 367-379.

Wassermeyer, Franz (2007): Modernes Gesetzgebungsniveau am Beispiel des Entwurfs zu § 1 AStG, in: Der Betrieb, 62. Jg., S. 535-539.

Wehnert, Oliver (2007): Generalthema I: Verrechnungspreise und immaterielle Wirtschaftsgüter, in: Internationales Steuerrecht, ohne Jg., Heft 16, S. 558-561.

Zuckerschwerdt, Christoph/Meuter, Hans Ulrich (2013): Verrechnung von Konzerndienstleistungen (Teil 2), in: Zürcher Steuerpraxis, ohne Jg., Heft 2, S. 95-114.

e) Standards

Institut der Wirtschaftsprüfer in Deutschland e.V. (2017): IDW Prüfungsstandard. Grundsätze ordnungsmäßiger Prüfung von Risikomanagementsystemen (IDW PS 981), Stand 03.03.2017, Düsseldorf.

OECD (2018), OECD-Verrechnungspreisleitlinien für multinationale Unternehmen und Steuerverwaltungen 2017, OECD Publishing, Paris. https://doi.org/10.1787/9789264304529-de.

OECD (2017), Model Tax Convention on Income and on Capital: Condensed Version 2017, OECD Publishing, https://doi.org/10.1787/mtc_cond-2017-en.

OECD (2015), Aligning Transfer Pricing Outcomes with Value Creation, Actions 8-10 - 2015 Final Reports, OECD/G20 Base Erosion and Profit Shifting Project, OECD Publishing, Paris, https://dx.doi.org/10.1787/9789264241244-en.

f) Rechtsquellen und amtliche Drucksachen

Bundesministerium der Finanzen (BMF): Merkblatt für bilaterale oder multilaterale Vorabverständigungsverfahren auf der Grundlage der Doppelbesteuerungsabkommen zur Erteilung verbindlicher Vorabzusagen über Verrechnungspreise zwischen international verbundenen Unternehmen (sog. „Advance Pricing Agreements" – APA) vom 05.10.2006, IV B 4 – S 1341 – 38/06, BStBl 2006 I S. 594.

Bundesministerium der Finanzen (BMF): Grundsätze für die Prüfung der Einkunftsabgrenzung zwischen nahestehenden Personen mit grenzüberschreitenden Geschäftsbeziehungen in Bezug auf Ermittlungs- und Mitwirkungspflichten, Berichtigungen sowie auf Verständigungs- und EU-Schiedsverfahren (Verwaltungsgrundsätze-Verfahren) vom 12.04.2005, IV B 4 – S 1341 – 1/05, BStBl 2005 I S. 570.

Bundesministerium der Finanzen (BMF): Grundsätze für die Prüfung der Einkunftsabgrenzung bei international verbundenen Unternehmen (Verwaltungsgrundsätze) vom 23.02.1983, IV C 5 – S 1341 – 4/83, BStBl. I S. 218.

Bundesregierung: Abgabenordnung (AO) vom 01.10.2002, BGBl. S. 3866.

Bundesregierung: Gesetz über die Besteuerung bei Auslandsbeziehungen (Außensteuergesetz) vom 08.09.1972, BGBl. I S. 1713.

Bundesregierung: Bürgerliches Gesetzbuch (BGB) vom 02.01.2002, BGBl. I S. 42, ber. S. 2909 und 2003 I S. 738.

Bundesregierung: Verordnung zu Art, Inhalt und Umfang von Aufzeichnungen im Sinne des § 90 Absatz 3 der Abgabenordnung (Gewinnabgrenzungsaufzeichnungs-Verordnung - GAufzV) vom 12.07.2017, BGBl. I S. 2367, FNA 610-1-25.

Bundesregierung: Handelsgesetzbuch (HGB) vom 10.05.1897 (RGBl. S. 219), BGBl. III/FNA 4100- 1.

Bundesregierung Deutschland und parlamentarische Republik Ungarn: Abkommen zwischen der Bundesrepublik Deutschland und der Republik Ungarn zur Vermeidung der Doppelbesteuerung und zur Verhinderung der Steuerverkürzung auf dem Gebiet der Steuern vom Einkommen und vom Vermögen (DBA UA) vom 28.02.2011, BGBl. II S. 919, 920.

g) Urteile

BFH-Urteil vom 17.10.2001, I R 103/00, BStBl 2004 II, S. 171.

h) Internetquellen

Bundesministerium der Finanzen (2019): Stand der Doppelbesteuerungsabkommen und anderer Abkommen im Steuerbereich sowie der Abkommensverhandlungen am 1. Januar 2019, unter: https://www.bundesfinanzministerium.de/Content/DE/Downloads/BMF_Schreiben/Internationales_Steuerrecht/Allgemeine_Informationen/2019-01-17-stand-DBA-1-januar-2019.pdf?__blob=publicationFile&v=2, abgerufen am 20.03.2019.

Bundesministerium der Finanzen (2018): Die wichtigsten Steuern im internationalen Vergleich 2017, unter: https://www.bundesfinanzministerium.de/Content/DE/Downloads/Broschueren_Bestellservice/2018-08-01-die-wichtigsten-steuern-im-internationalen-vergleich-2017-ausgabe-2018.pdf?__blob=publicationFile&v=8, abgerufen am 19.03.2019.

Bundeszentrale für politische Bildung (2018): Entwicklung des grenzüberschreitenden Warenhandels, unter: https://www.bpb.de/nachschlagen/zahlen-und-fakten/globalisierung/52543/entwicklung-des-warenhandels, abgerufen am 27.04.2019.

Deloitte (2015): Unterschied verboten? – Statistische Methoden bei der Anwendung der Preisvergleichsmethode, unter: https://www.deloitte-tax-news.de/transfer-pricing/unterschied-verboten-statistische-methoden-bei-der-anwendung-der-preisvergleichsmethode.html, abgerufen am 25.04.2019.

Electronic Code of Federal Regulations (2019): § 1.482-1 Allocation of income and deductions among taxpayers (last updated: April 10, 2019), unter: https://www.ecfr.gov/cgi-bin/text-idx?SID=e136cd77fda2c02fbf9eeb76635c922e&mc=true&node=se26.8.1_1482_61&rgn=div8, abgerufen am 12.04.2019.

Ernst & Young (2017): 2016-17 Transfer Pricing Survey Series, unter: https://www.ey.com/gl/en/services/tax/ey-2016-transfer-pricing-survey-series, abgerufen am 30. 04.2019.

Europäische Kommission (2018): EU Joint Transfer Pricing Forum. Statistics on APAs in the EU at the End of 2017, unter:

https://ec.europa.eu/taxation_customs/sites/taxation/files/statistics_on_adva nce_pricing_agreements_2017_en.pdf, abgerufen am 15.04.2019.

Eurostat (2018): Die europäische Wirtschaft seit der Jahrtausenwende – Ein statistisches Porträt, unter: https://service.destatis.de/DE/WirtschaftJahrtausendwendeEuropa/bloc -1a.html?lang=de, abgerufen am 28.03.2019. Unter der abgebildeten Grafik auf Erwerbslosigkeit klicken und dann die Europäische Union, Deutschland, Frankreich und Griechenland wählen.

Tørsløv, Thomas R./Wier, Ludvig S./Zucman, Gabriel (2018): The Missing Profits of Nations, unter: https://www.nber.org/papers/w24701, abgerufen am03.05.2019, NBER Working Paper 2470.

j) Sonstige Quellen

Eberenz, Ralf/Müller, Horst/Schröder, Moritz/Palmer, Daniel/Ditz, Xaver/Bärsch, Sven-Eric/Kluge, Sven (2018): Transferpreisstudie 2018. Transferpreise zwischen Unternehmenssteuerung, BEPS und Digitalisierung, Flick Gocke Schaumberg/Horváth & Partner (Hrsg.).